日本M&Aセンター創業者　分林保弘の

「仕組み経営」で勝つ！

村田博文

財界研究所

はじめに

分林保弘。１９４３年（昭和18年）８月28日、京都に生まれる。血液型はA型。父親は観世流の能楽師、兄も観世流能楽師を継いだ。

日本M&Aセンターは１９９１年４月、47歳のときに興した会社だ。会社設立から15年後の２００６年10月に東証マザーズに上場、そして07年12月には東証１部にスピード上場を果たした。

２０１５年10月現在、日本M&Aセンターは、株式時価総額は２０００億円にも達する注目企業に成長している。

それだけ日本M&Aセンターが時代の転換期であるいま、社会に必要とされているということの証左である。

分林が起業前、大学を卒業して就職したのは日本オリベッティ。イタリアに本社を置くコンピューターの製造・販売会社。そこで分林は社会で生きていく上での根本、本質的なものをたたき込まれる。彼が就職した1960年代中頃は日本の高度成長真っただ中。当時の日本オリベッティには才覚のある人物が全国から集まっており、分林もいろいろな刺激を受け自らを発憤させていた。経営者としての資質を磨いていったのもこの時代である。

いまダイバーシティ、多様性の時代であると言われる。様々な価値観を持った人たちが一緒に集い、民族、宗教、文化、習俗の違いを超えて生き、そして働く時代。その多様性の文化の原点を、分林は日本オリベッティ時代につかんでいる。

今日、日本M&Aセンター会長として全国津々浦々、多くの企業、様々な会社を相手に企業と企業をつなぎ、また人と人をつなぐM&A（合併・買収）の分野で日本の第一人者になっているのも、若いときから多様性の文化の中で自らを磨いてきたことと無縁ではない。

そして最も分林の人となりが形成される上で大事なことは、冒頭で触れたように分林が京都で生まれ、観世流の能楽師の父のもとで小さい頃から能楽に親しんできたということがある。兄が観世流能楽師を継ぎ、分林は実業の世界に踏み込んでいったわけだが、分林の血には観世流能楽のそれが流れている。

分林の父は1909年（明治42年）生まれ。その父のもとで分林も能の舞を教えられた。産業の世界に入ってから仕事に集中していた時期もあったが能楽を再開。大曲『安宅　勧進帳』『道成寺』等を演能している。自分が能楽師の家に生まれたことを胸に秘め、研鑽を積んできた。能楽の稽古は今もずっと続けており、能楽は分林の人生に深く染み込んでいる。

能の世界は文字通り奥の深いもの。その本質を追い求めていくとすれば、650年前の室町期に活躍した流祖・世阿彌にたどり着く。

世阿彌は『風姿花伝』を著したことで有名だが、「秘すれば花」などの言葉で有名。そうした世阿彌の言葉で一番好きなものは何かと分林に問うと、「僕は、『離見《りけん》の見《けん》』という言葉が好きなんです」という答えが返ってくる。

離見の見とは何か？

分林の説明によると「見る。これは能役者は自分がこのように演じたい、このように見せたい、では不十分。観客から見て、自分がどのように映っているかということを意識することが大事。常に観客側から見た自分はどう映っているのかを意識しながら演じなければいけない。『離見』の『見』とは、離れて見る、の見ですから」という言葉が返ってきた。

自分を客観的に見る——。これは人と人のつながりで成り立つ社会で生きていく上で大事なことである。人と対話し、人とのコミュニケーションを深めていく上で自分を客観的に見、相手にも思いをいたす、という人間関係づくりで社会は成り立つ。

「相手がどのように感じているか。あるいは、自分と相手の関係を築く上で相手はどのように思っているか。人と人との関係づくりの上で、すごくいい言葉だと思うんです」と分林は語る。

分林の人生を見る上で能楽はたいへん大きな要素を占めており、そしてもう一つ社会人としての基礎をつくる上で、社会の出発点となった日本オリベッティでの経験が大きな要素を占めていることを強調しておきたい。

分林には、経営者として最も大事なこととして、3つを挙げる。

一、企業を上手につくり上げ、事業を構想する力。

二、そのつくり上げた事業を実行していく力、投資などを展開していく上での資金の使い方に関しての的確な判断力。この実行力と判断力は経営者にとって最も大事な要素である。

三、最後に経営は、いかによいパートナーと仕事をしていくかが重要な要素。世界で成功している会社も同じで、ハーバードビジネススクールでもこのことを最も大事なこととして教えている。

分林自身、現社長の三宅卓と2人で日本最大のM&A専門会社をつくり上げた。この一、二、三の分林の経営理念を実践する部隊が日本M&Aセンターである。

イタリアが発祥の地の世界的企業、オリベッティの創業者の理念は「企業は社会に対して物質的な貢献をすると同時に、道義的・文化的貢献をしなくてはならない」というものである。分林もそれをモットーにしてきた。

日本M&Aセンターの「物質的な貢献」とは「企業の存続と発展に貢献する」ことだ。会社を興した25年前から日本は人口減が始まった。日本の人口の出生率は1・4。息子の生まれる確率は0・7人で3割は後継ぎの息子はいない。その内の継ぐ確率は2分の1とすると35%しか家業を継がない。残り65%は後継者がいない。これが中小企業の現状だ。

分林は創業の時からこの「後継者問題」を予測していた。

同社の顧客の80%は「後継者問題」を抱え、同社が解決に当たっている。その会社を上場会社や中堅会社の新規事業の核として発展させ、お互いに発展していくように持って行くことを大事にしているM&A仲介会社だ。だから社員は全員（時には社長も）残ることが条件で、原則社名も変えないようにするなど、気配り、目配りした仲介をする。残りの20％は「業界の再編」の業種だ。

たとえば薬品卸も昔は350社あったが、現在は大手4社に集約。食品卸やスーパー・コンビニエンスストアや調剤薬局業界はまさにその渦中にある。

近江商人の言葉に、「売り手よし、買い手よし、世間よし」がある。経済人と社会との関係のあり方を説いたものだが、分林はその言葉をさらに発展させて、自分たちの使命は「企業の存続と発展」に貢献することにあり、「売り手よし、買い手よし、社員よし」を実践し、それを信条としている。

また、「道義的・文化的貢献」も実践している。

たとえば日本M&Aセンターでは、優秀だがさまざまな事情で経済的に厳しい状況に置かれている高校生約30人に毎月奨学金を支給。分林個人もネパールに小学校を寄贈したり、母校である立命館大学にも毎年多額の寄付をしている。

国際的な「文化的貢献」として、2015年7月には「日伯修好条約120周年記念能楽公演」をブラジルで、10月にはコシノジュンコ氏の依頼で京都での琳派400年記念祭の「オープニングセレモニー」を能楽で演出するなど、内外での親善行事などにも積極的に参加、国際的なネットワークを構築している。

この本では日本M＆Aセンターの理念とは何か、また同社はどうやって成長してきたのかを具体的な事実を取り上げながら記述、国内の中小企業のM＆Aを手がけ日本随一の会社に成長させた理由なども初めてつまびらかにしている。特に分林の経営センスというべき「仕組みづくり」を多くの読者の方々の参考にしてもらえれば幸いである。

２０１５年10月

著者

もくじ

第3章 起業の原点

第4章 経営の「仕組み」をつくる

第5章 第2創業へ

第1章　M&Aとは何か？

事業承継の手法は4つ。最良の方法は？

　日本では現在、後継者がいないという理由で、社長が70歳を過ぎても経営の第一線に居続けている中小企業が増えている。その結果社長が突然倒れたり、高齢になりすぎたために廃業するというケースもある。

　ここ数年、後継者がいなくて廃業する企業は年約5万社を超える、という数字も中小企業庁から出ている。

「廃業」も「倒産」も、経営者本人はもとより従業員が職を失う結果を招くことについては同じである。

　企業の存在意義は、存続・発展することにあるのは言うまでもない。できれば廃業は避けたい。それだけに、存立基盤が弱いながらも日本の全法人（約420万社）のうちの99・7％を占めるとされる中小企業について、その安定した事業承継をいかに進めるかが大事。なぜ大事かといえば、中小企業群は日本の産業の裾野を構築しているからである。

戦後復興を成し遂げ、今や世界有数の経済大国になり、世界経済運営の責任の一端を担えるほどになったのも、匠の技を持ち、その技術やサービスを深く掘り起こしていく努力を日本の中小企業はし続けてきたからである。日本の産業の裾野を構成する中小企業の事業承継は今や、日本全体の重要課題として浮上している。

その責任を負うのはやはり、それぞれ個々の企業の現役経営者である。

事業承継には大きく分けて４つの選択肢がある。

１つ目は株式の上場により、経営を担える力量ある人材を社会から広く集め、育てていくやり方。

これは資本と経営を分離する方法でもある。しかしこれは現在の日本の株式市場での上場会社数が約３５００社、年間の上場件数が約80社から１００社という数字。今、日本全体に存在する中小企業は約４２０万社にのぼる。そのほとんどが非上場という現実。上場を目指すといっても、中小企業にとっては、極めて狭き門だ。

２つ目に親族への承継という形での事業承継がある。しかし、それも、息子がいないケースがあるし、あるいは息子がいても継ぐ意思がない、または経営者として資質を欠く場合もあり、この方法もそう容易ではない。その難しさは別項で触れる。

3つ目は社員・役員への承継。

実はこれも、言うほど簡単なことではなく、現実にはほとんど成功していないのではないか。その主な理由は、中小企業の創業者は個人で会社の借入金の保証をしているケースがほとんどという重い現実がある。その借り入れを返済する資力、もしくは金融機関からそれだけの借り入れを行える能力を持っている社員や役員は、現実には社内にはそういないからだ。

もし、そういう人物が社内にいたとしても、現実にその会社の事業承継者になるケースは少ない。オーナーから株式を買い取り、借入金の個人保証の肩代わりをし、その借金に見合う個人担保を提供し、かつ経営者としての能力を持っている――仮にそういう人が社内にいたとしたら、そういう人はたぶん、とっくに独立してしまうからだ。

4つ目がM&A（企業の合併・買収）による事業承継である。

他の3つの選択肢が実現性に乏しく、困難を伴うことが以上のように明らかである以上、M&Aは事業承継問題に対する優良な方策、ということになる。

後継者がいなくなった中小企業の存続と発展をどう図っていくか。

産業の裾野が健全に成長発展していくことこそが、日本全体の健全な成長発展につながる。そのためＭ＆Ａという仕事が重要になってくる。

創業以来、分林はその確信を持って、経営者と経営者をつなぐ仕事に生き甲斐を感じ、事業承継のコーディネーター役を務めてきた。

スイスへの視察旅行

２０１２年３月、分林は全国の税理士・公認会計士約２３０人を引き連れてスイスへの視察旅行を行った。スイスではバス８台が連なって走るという、ちょっとした大視察団だ。

これは日本Ｍ＆Ａセンターが全国の税理士・公認会計士を組織して結成した「日本Ｍ＆Ａ協会」の理事会員を対象に毎年１回、国際会議を開催するために招待しているものだ。この会議は開催国を毎年変えていて、海外事情の視察も兼ね、今、海外はど

2012年第18回スイス国際会議

う動いているか、見聞を広めるために実行している。

欧州の真ん中に位置し、四方を大国に挟まれたスイスは、遥か中世の時代から、絶えず国際紛争や戦争に巻き込まれやすい地理的条件下にある。そのためスイスでは、国民皆兵制度をはじめとする強力な国家運営の仕組みをつくることで、どんな国同士の紛争にも与しない永世中立の立場を貫き通してきた。その結果現在では、全世界の資産家から、自らの資産保全を行うには最適の国として認識されるようになり、世界中から資金が集まることになった。

もっとも、グローバリゼーションが進

行する中で、企業や個人が国をまたいで活動することが増え、法人税や所得税の徴収、確保を国家間で連携する動きが強まってきたのも事実。特に米当局がスイスにも情報把握の協力を申し出るなど、微妙に状勢も変化しつつある。

しかし、スイスが資産運用や資産保全という点で世界中の資産家から強い信頼を得てきていることに変わりはない。スイスには資産運用や資産保全について蓄積された知恵がある。なぜ、スイスが小国ながら、金融や産業で強い力を発揮できているのか、その現実を自分たちの目でしっかり把握しようと、分林はスイスへの視察旅行を企画したのである。

人類史においてかつてない大量の重火器による殺戮が、とりわけその欧州大陸において行われた第一次世界大戦と第二次世界大戦でも、スイスが中立を貫き通せたのは、やはり有事に備えた強力な国家組織の運営があったことと、永世中立国として生き抜く覚悟を国民が堅持し続けたからだろう。

昔から伝統的にスイスでは、世帯の４軒に１軒は共同の地下シェルターを持つことが義務づけられ、高速道路の一部はすぐに飛行場に変えられる設計になっているし、山岳地形のため高速道路に多くつくられているトンネルはいつでも飛行機の格納庫へと早変わりすることができる。それぐらい徹底してスイスは絶えず有事想定に怠りがない。

ドイツやフランス、イタリア、オーストリアなどの列強に挟まれ、いろいろな悲哀をなめてきた小国の知恵がそこにある。

ところで2011年3月11日に日本が東日本大震災に見舞われた爪痕も色濃く残る、その年の5月、このスイスを舞台とする大きな日本の経済ニュースが相次いだことが印象深い。

まず東芝が、スイスに本社を置くスマートメーター（通信機能付き電力量計）製造大手のランディス・ギア社を約2000億円で買収するというニュースが飛び込んできた。

続いて、その1週間後には、武田薬品工業がスイスの製薬大手ナイコメッド社を約1兆1000億円という巨額な資金で買収した。

あるいは、UCC（上島珈琲）がその後、500億円でスイスのコーヒー製造会社、ユナイテッドコーヒーを買収した。

実は、世界最大の食品会社はスイスに本拠を置くネスレである。世界最大の人材会社はスイスに本社を置くアデコ。このほか時計、香料、セメントなどの分野で世界最大の企業がスイスの会社であることはあまり知られていない。

もちろん日本の病院での処方薬ではお馴染みの医薬分野ではノバルティス、ロシュ等、金融分野ではクレディ・スイスやＵＢＳ（ユニオン・バンク・オブ・スイス）など、世界に名だたる会社がスイスにはたくさんある。

このようにスイスには、その国の大きさに比すると、驚くほど多くの有力な大企業が集まっていることがわかる。

「資産保全」を考える

スイス企業の最近の特徴は、もともとスイスにあった会社ではなく、各国からスイスに本社を移している会社が多いことだ。

さらに個人の資産家も、この国に居を移すために集まっている。

たとえば、スウェーデンの世界最大の家具メーカーＩＫＥＡ（イケア）の創業者は、スイスに移住していた。もちろんこの経営者は生まれも育ちもスウェーデン。スウェーデンはスイスと同じ永世中立国だが、この経営者は同じ永世中立国という理由で移住したわけではないのは明らか。資産の保全に適しているから、と判断していたのだろう。

日本でも、たとえば今やグローバル企業であるＪＴ（日本たばこ）は、インターナショナル部門の本社をスイスに置いている。ＪＴが直接、管轄しているのは日本と中国市場のみ、それ以外の世界市場はロシアや英国で、買収した会社等はこのインターナショナル・グループの傘下に入れている。

また、たとえばサンスターはＭＢＯ（マネジメント・バイアウト＝経営者による企業買収）で日本での上場を廃止するとともに、本社機能をスイスに移し、創業家一族もスイスに移住したことが記憶に新しい。オーナーの決断によって資産保全が会社ごと行われたケースである。サンスターはこれから半分以上のビジネスは海外で行おうと考えているため、Ｍ＆Ａを積極化している。このように、保全した資産の活かし方についても徹底している。

スイスの税金は州によって税率が違う。法人税率は大体20％前後だ。日本では、法人事業税や地方税を入れると法人税の実効税率はだんだんと低下してきたものの32％強とされる。ドイツ（約30％）や近隣諸国の中国（25％）、韓国（24％）と比べても高く、ましてや近年成長著しいシンガポール（17％）などと比べても相対的に高い。しかもシンガポールよりよい点は、20％以上の州に進出すれば、日本で課税されない。

日本創生へ、企業の投資が出てくるかどうかは非常に重要な課題である。しかし、法人税が他の国々より相対的に高いとなると、企業も二の足を踏むことになる。今、日本は経済停滞を招くデフレを脱しつつあるが、90年代後半から続いたデフレ下にあって、企業は海外に生産拠点を求めていった。いわゆる生産空洞化に悩まされたのは記憶に新しい。法人税が高いことは、日本企業に早く海外に出て行ってくれと言っているようなものだ。

そこで、日本政府も法人税引き下げに努力してきて、実効税率が40％位から32％強にまで下がってきてはいる。ＩＴ（情報技術）やインターネットの進展で経済のグローバル化はますます進む。内外の企業が活動しやすくなる環境整備へ向け、法人税の引き下げがその中で重要課題の一つであることは間違いない。

日本の高い税金は、特に中小企業にそのしわ寄せがきている。主要取引先である大手の製造会社がどんどん、その製造拠点を海外に移してきたからだ。大手企業と一緒に海外にまで行くことができるほど体力のある中小企業はそんなに多くはない。いい技術をもっていても泣く泣く廃業というケースも出てくる。そうなると国内でのサプライチェーンが断ち切られることにもなり、日本の産業構造にも大きな影響を及ぼす。

２０１０年代初めまで、経済停滞に悩む日本国内では、「六重苦」がしきりに言われた。円高、高い法人税、高い電力費、そして労働の規制、環境規制、そしてグローバリゼーションの遅れの6つである。円高が是正され、法人税下げも時代の方向性としては認識され、そのための努力も続く。グローバリゼーションの促進にしてもＴＰＰ（環太平洋パートナーシップ協定）の詰めが進行中だが、各国の国益がぶつかり、進展は遅い。自国の努力一つでできるものは改革・改善へ向けて実行していくとき。法人税問題もその一つである。

今、世界的に優れた技術が評価されている日本の有力な製造会社は海外売上高比率が８割近くに達している企業が多い。自動車では既に80％、電機機械や素材産業でも

80％が海外での売上げになるだろう、と分林は予測している。

こうした経済のグローバル化はさらに進行していくことになるが、同時に一億人余が住む日本のモノづくり、あるいはサービスまで得意技を持つ優秀な企業の事業継続を図らねばならない。

かつて、このまま少子化が進めば日本の中小企業の後継者がいなくなる時代が来ると予測、そういう状態に追い込まれてはいけないと考えて、分林は日本Ｍ＆Ａセンターを起業した。

ユニークで優れた技術を持っていたり、歴史や看板のあるサービス分野の企業経営の存続をどう図っていくか。そういう意識を持って臨んでいかなければならないが、現状では、日本の企業は世界で戦えなくなってしまう。そうなる前に日本にある本社を海外に移していこう、と考える企業が出てくるのは、経済原則からいっても不思議なことではない。何とかしなければ——。

スイスの視察で、分林はそんなことを考えさせられた。

上場会社の株式での物納

日本M&Aセンターは実質無借金経営だ。

2015年夏号の会社四季報にも、同社の有利子負債は1億円と記載されている。同期の利益剰余金が114億円もあり、営業キャッシュフローも36億円と潤沢なため、この有利子負債はいつでも返せる範囲。この借り入れはいわば金融機関とのお付き合いだ。ちなみに同社の取引銀行は三井住友銀行と三菱東京UFJ銀行。

それも分林は、上場するまで銀行の支店長の顔を見たことがなかった。

銀行借り入れに対するこのスタンスは、分林の父親が能楽師を生業として独立独歩でやってきたことと関係するかもしれない。父親が二言目には「借金はするな」と言っていたことが分林の記憶に残っている。実際、この考えは父親が鉄則にしていたらしく、現実に一度も借金をしたことがなかったようだ。

別項でも触れた通り、分林がいまの会社を起業する前に、全国の税理士らと「日本事業承継コンサルタント協会」（現・日本中小企業経営支援専門家協会）という組織をつくった。

多くの税理士や公認会計士の人たちと知り合い、情報を得ることで、分林は日本の企業の99％を占めるとされている中小企業の置かれた厳しい状況が、ますます理解できるようになった。

まず、上場会社オーナーは相続税を自社株で払うことができることがわかった。ところが非上場の場合、これは不可能な話だ。多くの中小企業にとって上場するハードルは高い。このため、相続税を自社株による払い込みもできないという点でも上場企業に比べて不利、ということになる。

たとえば松下電器産業（現・パナソニック）の創業者、松下幸之助氏が亡くなったときには、約１０００億円の相続税が発生したと言われている。いくら天下の幸之助翁の一族といえども、それを現金で納めることなど不可能に近い。そこで一族は、それを幸之助氏自身が保有していた松下電器株や、松下電工株で納めた、とされている。

そしてこの上場企業の株式の物納は、何もオーナー経営者だけに認められている特権ではない。上場企業の場合、役員も自社の株式を保有しているケースが多いが、これを物納することもよく行われている。

このように上場会社の株式については、国は相続税を納めるときに相応の額で換算して物納を認めている。

ところが、非上場の会社ではそれは原則、認められていない。なぜなら株式に流動性がなく、換金性が保証されているとは見なされてはいないからだ。

もちろん非上場会社の株式は全く売買されていない、というわけではないが、そもそも非上場会社の株式に関しては、取引市場が存在せず、その株式の価格を客観的に判断する基準がないということである。

相続税が納められない非上場会社のオーナー

分林はある非上場企業の創業家社長の相続の相談に乗ったことがある。

この会社は従業員が約300人の中堅会社。社長が亡くなったため、社長が所有していた株式をオーナー一族が相続した。相続税を払う段階になって、オーナー一族は自分たちが持っている現預金の全てをはたいて相続税を納めようと考えた。

しかし、何とかかき集めても、納税額約20億円にはとうてい達しない。

その会社は非上場なので、自社株は原則として、物納できない。現金での納付も完全にできないというので、旧大蔵省は特別に一時預かりの形で株式を引き受けることを承諾した。かなり特殊な例ということだそうだが、額が大きかったので認められたのだろう。

しかしあくまで一時預かりのため、納税の延滞金利が発生することになった。その当時の延滞金利で計算すると４０００万円以上を毎年納めなくてはならなくなった。

当時の所得税の最高税率は70％。息子は会社の専務に就いていて、年収が２０００万円だったのを社長就任後８０００万円に上げた。それでも所得税を取られると30数％しか残らないため、手取りは３０００万円にも満たない。毎年４０００万円以上の延滞金利は納められないし、これでは生活費も出ない。

こうなったらもう会社を売るしかない、というところまで追い詰められていた。

相談を受けて、ある一部上場会社の社長が、新興市場に上場している子会社と提携すれば相乗効果があることを認め、その中堅会社の株式を評価し、10億円分の株式を引き受けてもらうことになった。これで相続税は納税ができ、延滞金利も支払わずにすんだ。

提携ができなかったらこの中堅企業はどうなっただろうか。

相談を受けたときは、このオーナー社長は「会社の社長の家に生まれてきたばっかりに、大変な目にあっている」ということを漏らしていた。しかしこの提携で相続税の原資を確保でき、路頭に迷わずにすんだ。

3社に2社が後継者問題

日本では現在、企業数が約420万社あるとされる。この全企業の99・7%を占めるのが中小企業だ。その中小企業において、3社に2社が後継者難にあるとされる。日本M&Aセンターが顧客として想定するのは、中小企業といっても10人~100人程度の従業員を抱え、真剣に後継者を探している会社だ。

営業対象企業は中小・零細企業から中堅企業まで約12万社で、最近は上場している企業もある。一方で、たとえば２０１５年３月期では1年間で同社が仲介した売り手企業数は１７０社に過ぎなかった。対象にできる企業数約12万社という数字と比べると小さい数字。だからまだまだ、同社には開拓すべきこと、やるべきことがたくさんある、という思いが分林にはある。

そのためには、いい人材を採用し、教育・研修を充実させ、１社でも多くの顧客企業に後継者問題の解決を図ってもらうことが自分たちの最大の使命の一つだという分林の考えである。

Ｍ＆Ａとは何か――。自分の力、つまり「自力」で一定程度伸びて成長してきたときに、提携などで他人の力、つまり「他力」をも取り込んで一層大きく成長していくきっかけをつかむのがＭ＆Ａということができる。そうしたＭ＆Ａを通じて、大きく発展している企業例を正しく伝えることで、Ｍ＆Ａのモデルを正しく理解してもらうことに力を入れていく考えだ。併せて、具体的な課題解決策を提供していくことで日本Ｍ＆Ａセンター自体も発展していくという考え。共存共栄を図る考え方である。

国際化への対応

２０１２年度の１年間で日本M＆Aセンターが成約した１１０件のM＆Aのうち、すでに６件が海外絡みのM＆Aになっていた。

大企業のM＆Aは今やグローバル規模で展開されており、大型案件はほとんどがクロスボーダー化しているのが現状だが、この流れは中堅・中小企業にも及んでいる。

この６件のクロスボーダー案件は、たとえば日本企業の子会社が香港にあり、中国・深圳に工場があり、またバングラデシュにも工場を作っている会社がたまたま後継者問題を抱えていて、結果的にM＆Aに発展していった、というケースである。

従って、日本M＆Aセンター自体も、全世界とまではいかなくても、少なくともアジア各国の企業とのM＆Aを念頭に置いて国際化への対応を既に始めている。

ファンドの可能性

分林は２０１３年１月と３月には米国を訪ね、米国でのファンドの活動状況についてつぶさに見てきた。08年のリーマン・ショック後、ファンドに逆風が吹いたが、状況は変わった。今では米国にはプライベート・エクイティ・ファンドが約３０００社も存在しており、米国経済において重要な役割を果たしていることが確認できたと言う。

プライベート・エクイティ・ファンドとは、機関投資家や個人投資家から資金を集め、事業会社に投資すると共に、その事業会社の付加価値を高める投資ファンドである。企業の成長を促す働きをすることを使命とする組織である。

では日本のファンドの現状はどうか。

日本のプライベート・エクイティ・ファンドは、その数が米国の１００分の１ぐらいの規模でしかない。

米国経済の規模が日本の2、3倍あるとしても、100分の1というのはいかにも少なすぎる数字だ。まだまだ日本ではプライベート・エクイティ・ファンドが活躍できる余地が十分にあるとも言える。

2014年12月16日、東京証券取引所に上場した「SFPダイニング」の創業社長・寒川良作氏は分林の友人の一人。兄と共同創業した時、「将来、どちらかが経営から退くときは、M&Aで会社を売る」という約束をしていた。2人には息子がいるが、親族同士が会社に入った場合、もめることが多い。これは歴史的にも、よく見聞することである。

同社の場合、兄が54歳、弟が51歳になった時、兄が病魔におそわれてしまった。ふたりはこれからの会社の行く末について分林に相談。分林が某ファンドに仲介の労を取り、全株を売却。その後も寒川良作氏がファンドと共同経営し、同氏の誕生日に上場することができ、日本でも有数の優良企業に成長した。

企業が成長するための手立てはいろいろある。要は、チャレンジするスピリッツであり、一段と飛躍するための知恵の掘り起こしである。

約50年前、分林は学生時代に米国を行脚。そのとき、全米各地でチャレンジング・

スピリッツ（挑戦者魂）の旺盛な風土を見せつけられた。各地に点在する大型スーパーに驚きもした。日本でもようやくスーパーストアが御目見得という段階で、未来の大型スーパーのスケール感、破壊力という点でまだまだ及ばなかった。その後、大型スーパー、外食チェーン、ドラッグストアなど、米国で起きた革新的な経済の動きは必ず、日本でも起きてきた。これは流通・小売業に限らず、金融業などでも同じだ。そして、単に米国のモノ真似ではなく、セブン＆アイ・ホールディングスのコンビニ革命のように、自らの知恵で市場掘り起こしを実現するような流通革命の進展。最近は、インターネットと流通の融合でネットスーパーという形態もできている。時代の変化は実に激しい。

日本M&Aセンターは15年前、日本アジア投資と「日本プライベートエクイティ」を共同創業。現在は日本政策投資銀行と共同でファンドを立ち上げているが、２０１３年からはこのファンド会社は日本M&Aセンターが筆頭株主として運営していくことになった。日本M&Aセンター自身も進化し続けている。

この日本プライベートエクイティは、後継者難に悩む会社に投資し、企業価値を高めて次世代の経営者にバトンタッチさせていく機能を最大限発揮していくことを自らの使命としている。

第2章　日本M&Aセンターとはどんな会社か？

23年間連続黒字決算

1991年4月、日本M&Aセンターは、同社の顧客開拓基盤である全国の会計事務所（税理士・公認会計士）を中心に、有志百数十人の出資を得て会社が設立された。幅広く出資を仰ぎ、会社を設立したという経緯もあって、設立当初から、業績開示をずっと実行してきた。

創業初年度のみ赤字だったことを除くと、設立以来、現在（2015年3月期決算）まで23年間、連続黒字決算を続けている。また、ここ5年間の売上高の平均成長率は20％を越えている。資本の収益度を見るROE（自己資本利益率）が30・7％と非常に高い。超優良企業と言ってもいいだろう。

そして今年（2015年）8月、東京証券取引所で上場する3400社のなかで投資家にとって魅力の高い銘柄400社の「JPX日経インデックス400」にも選ばれた。

アベノミクス効果による株式市場の活況と相まって、ここ数年、日本M&Aセンターの株価は上昇基調が続いており、2012年の中頃から3年間で約9倍に拡大している。株式時価総額は2015年7月現在、2200億円を突破している。従業員が約200人の規模の会社で、これだけの時価総額を達成するのは評価されていい。

経済紙が行っている企業の収益性や成長性などのランキングでも、同社は必ずランキング圏内に顔を出している。しかも、ランキングで顔を出すのは、業績指数関連だけにとどまらない。

同社は、社員待遇の面でも厚待遇企業として知られる。同社社員の平均年収は1385万円（平均34・6歳。2015年夏版会社四季報より）。これは東京証券取引所に上場している全企業約3600社の中でも上位20位内に入る高額年収である。メディアにも高年収企業ランキングがよく特集されるが、三菱商事や日本テレビ放送網、東京海上ホールディングスなどの錚錚たる企業に混じって、必ず同社の社名がランキングされているので、あまり聞き慣れない同社の社名を見て「おや？」と思われる人も多いだろう。

1991年設立だから、同社は設立からまだ24年しか歴史がない。それでこれほどの高収益を上げ、社員には高報酬で報いている。
いったいどうやって、同社は成長することができたのか？

中堅・中小企業によるM&Aのセンター機能を担う

日本M&Aセンターという社名は、そのままズバリその業態を表している。M&AとはMergers and Acquisitions（合併・買収）の頭文字で、今や新聞、テレビ、雑誌などのメディアでも盛んに使われるようになった。

とりわけ最近は、世界規模での大手企業による国際的な大型案件がメディアを賑わしている。

たとえば、日本のソフトバンクによる米国の通信会社スプリントや、日本のサントリーホールディングスによる米国ビーム社（ウィスキー）の買収などが最近では話題になった。そういう背景もあって、一般的にM&Aというのは大手企業同士が行っているものだと考えている人がほとんどだろう。だが実際には、日本においてもM&A

の７割は中堅・中小企業によるものだと言われている。

日本Ｍ＆Ａセンターは、正にその中堅・中小企業を対象にしたＭ＆Ａの仲介、アドバイザリー、コンサルティングなどで成長している会社だ。

また日本では、Ｍ＆Ａというとすぐに「敵対的な買収」を思い浮かべる人が多い。それはメディアなどの報道でそういう珍しい案件のみが目立って取り上げられるから自然にそうしたイメージが持たれるようになったのに過ぎない。実際のＭ＆Ａは会社の事業承継を目的として友好裡に進められるものがほとんどである。

上場企業を中心とした大手企業同士の大型Ｍ＆Ａ案件を手がけるのは、投資銀行と呼ばれる大手証券会社が中心だ。そうした証券会社では、中堅・中小企業のＭ＆Ａは裾野が広すぎるということで敬遠されがちで市場開拓の対象としては盲点になっている。

中堅・中小企業のＭ＆Ａの仲介をこれまで手がけてきたのは、主に地域にしっかり根ざして当該会社との間に強固な関係を築いている会計事務所や、地銀などの地域金融機関だ。

ただ、会計事務所や地域金融機関の場合、Ｍ＆Ａの相手企業を探す場合、地域が限定されるというハンディを背負っている。本当はM＆Aのような企業同士のマッチングを行う場合、地域を限定しないでより広範囲に相応しい相手企業を探していくほうが成功率が高くなる。このことは多くの人にも感覚的にわかってもらえるだろう。

日本M＆Aセンターは、そうしたこれまでの中堅・中小企業が背負っていたM＆Aのハンディを補うべく、また、併せて全国の会計事務所が潜在的に抱える顧客企業のM＆Aニーズをしっかりとらえ、円満な課題解決に向かおうという目的を持って設立された。まさに社名にあるとおり、この分野のセンター的機能を果たそうとの狙いを込めての起業である。

では、この日本M＆Aセンターという会社をつくった分林とは、どんな人物か？

日本M＆Aセンターの立ち上げへ

分林が91年に日本M＆Aセンターを設立する前の1980年代は、日本経済の成長で円が強くなり、プラザ合意（1985年）で、円高・ドル安の流れが決定的となった時期である。80年代後半には、日本はバブル経済に入り、未曾有の好景気に沸いた。そして89年春、初めての消費税導入で消費景気には混乱が起き、大きな政治的問題ともなっていた。

分林が1985年に全国の会計事務所の先生たちを集め作った「日本事業承継コンサルタント協会」という組織がある（詳細は後述）。同協会が主催する毎月開催のセミナーでは、国税局や旧大蔵省出身の元官僚なども講師として招き、会員たちも事業承継について真剣に学んでいた。

バブル経済の進行で土地を始めとする資産価格の上昇が始まった。加えて、消費税の導入が行われたことにより、企業の税務は一層、複雑なものになった。とりわけ事業承継する際の税務は複雑を極めた。中小企業の相談相手となる会計事務所にとって、事業承継は非常に重要なテーマになっていった。

ところで、事業承継とは何か。

オーナー企業の事業承継を行うには「経営権」の承継をどうするかということと、「財産権」の承継をどうするか、という2つの問題が存在している。

財産権については、当時最大75％という相続税の問題が絡んでくるので、それをどう承継するかはオーナー経営者にとっては頭が痛い問題になる。

しかしそれと同等に、当時から中小企業の間で問題になっていたのは、経営権の承継の方だった。なぜなら日本は将来、少子高齢化が急速に進展することが当時からわかっていたからだ。そうなると会社を受け継ぐ次世代がどんどん少なくなっていく。事業承継問題が将来、深刻度を増していくのは明らかだった。

企業は永続するべきものだが、その創業者や経営者の命には限界がある。オーナー経営者といえどもいずれ経営権を譲る必要が生じる。ところがそれを継ぐ世代がいない。

事業承継問題がいずれ、社会的な問題となることは当時から予測できたのである。この問題をどう解決していけばよいか。

そういう類の相談を、分林は日本事業承継コンサルタント協会を設立したときから各地の税理士・公認会計士たちから受けていた。

１９９０年ごろになるといよいよ「後継者のいない会社が増えている」という話しが多くの会計事務所から聞かれるようになった。技術力があり、優良な会社が存続することは社会的にも意義がある。しかし、後継者がいない。そういうとき、そうした悩みにどう応えていけばいいのか。あれこれ思案に思案を重ねた。

そのとき浮かび上がってきたのがＭ＆Ａ（企業の合併・買収）という手法である。

この手法を使って、事業承継問題を解決していく仕事を本格的に始めていこう、と分林は考えた。社会的にもたいへん意義があるという手応えを感じた。

会社を設立することを決め、社名を「日本Ｍ＆Ａセンター」とした。日本Ｍ＆Ａセンターを中心にして、全国各地の有力な会計事務所に各地のＭ＆Ａセンターをつくってもらう――という構想である。

たとえば、北海道ではその地で有力な会計事務所が北海道Ｍ＆Ａセンターをつくる。同じように鹿児島の有力な会計事務所が南九州Ｍ＆Ａセンターを立ち上げる。その中心として日本Ｍ＆Ａセンターを置く――という構図だ。

こうして全国に50社の地域Ｍ＆Ａセンター会社を同時に立ち上げることになった。

全国50の会計事務所ネットワーク

この50社の地域M&Aセンター会社は、それぞれ1000万円の資本金で設立された。そのうちの10%、100万円分の株式を、日本M&Aセンターが持つ形にした。逆に日本M&Aセンターの株式を20株ずつ、この50社の地域M&Aセンター会社に持ってもらうことにした。

こうしてお互いに株式を持ち合うことで、相互責任が生まれ、お互いが高め合う関係を将来にわたって築いていくのが狙いであった。

日本M&Aセンターの設立時の資本金は1億5000万円。このうち株式の持ち合いの分が5000万円だったので、手元に1億円が残った。出資をしたのはこの構想に共鳴してくれた100人を超える全国各地の税理士・公認会計士らだ。このほかに大手損害保険会社や、オリックスなどが出資した。

この全国の税理士・公認会計士のネットワークは、分林が設立を推し進めた「日本事業承継コンサルタント協会」とも関係あるものにした。

とにかく1億５０００万円もの資金が全国から集まったことに分林は感激した。この資金は、出資者たちがそれぞれ、リスクを取ってくれたリスクマネーだ。「絶対、経営の失敗は許されない」。経営者として、何としても彼らの期待に応えていかなくてはならないと、心密かに決意を固めた。仕事を軌道に乗せる自信はあった。

2年目からは必ず、毎年10％の配当を実現して、10年で元金分については必ず配当でお返しできるように努力しなくてはならない。そう肝に銘じた。

地区別Ｍ＆Ａセンターとの持ち合い解消

燃えるような情熱を持って会社を設立したが、創業したその年の期末の業績は、当初の予想通り約４０００万円の赤字決算だった。

しかし、2年目には８０００万円の黒字を上げることができるようになった。それぐらい中小企業のM&Aの仕事の潜在需要は大きかった。この2年目から、株式配当も実施するようにした。3期目の経常利益は1億円、4期目は2億円と、順調な経営を続けた。

現在（2015年7月）、日本M&Aセンターは24期目を迎えているが、2期目から24期目までの23年間ずっと、黒字決算を続けている。配当ももちろん実施し続けている。

前述のように、日本M&Aセンター設立に前後して、日本の各地区には地区別のM&Aセンター、たとえば北海道M&Aセンターや南九州M&Aセンター、名古屋M&Aセンターなどの会社が、各地の税理士・公認会計士らによって一度に50社も設立されていた。

日本M&Aセンターは各地の地区別M&Aセンター各社の株式をそれぞれ10%ずつ保有していたが、株式配当を受けることはほとんどなかった。日本M&Aセンターからはもちろん、各社には配当が実施されていた。

後に日本M&Aセンターが上場するに際して管理が煩雑になるためにこの持ち合いは解消し、地区別M&Aセンター各社に日本M&Aセンターの株だけを持ってもらうことになった。

旗揚げと記念講演会にオリックス・宮内氏

１９９１年４月25日、ついに日本Ｍ＆Ａセンターという会社の登記を済ませ、会社がスタートした。

同じ年の７月17日に、東京・芝の東京プリンスホテルで旗揚げを兼ねた記念講演会を開催した。

この旗揚げには全国から約３００人の税理士・公認会計士や金融機関の関係者が集まった。講演会ではオリックス会長（当時、社長）の宮内義彦氏を招き、「オリエント・リース（現・オリックス）はなぜ、阪急ブレーブス（現・オリックス・バファローズ）を買収したか」というテーマで宮内氏に講演してもらった。実は、分林は日本オリベッティ時代から、宮内氏の経営に注目しており、オリックスとは個人的にも懇意にしていた。

分林は当時、M&Aの手法で会社を成長させている急先鋒がオリックスの宮内氏だと考えていた。宮内氏は当時、すでに主だったものでも10社ぐらいのM&Aを国内で実現していた。

分林が日本M&Aセンターを設立した2年前に、宮内氏が率いるオリックスはブレーブスを阪急電鉄グループから買収していた。オリックスは当時、産業機械リース業中心から生命保険や損害保険、クレジットカードなどの分野、言ってみればそれまでの事業者向けビジネスから、BtoC（一般消費者向け市場）の分野に打って出ようというときだったから、このタイミングで一般への会社名の浸透を図るためには球団を持つことが最良の手段だと判断したのだった。この発想は、トップの宮内氏から出てきたものだった。

この少し前に、オリックスは大阪・堺にあった毛布などを作る、ある製造業の会社を買収していた。買収されたその会社には、オリベッティ時代の分林の1年後輩が移って、役員になっていた。だから彼を通じてその会社のことをよく知っていた。

オリックスにとっては、製造業の会社を買収したことはどうやら、畑違いだったようで、この案件ではかなり苦労をしている様子だった。そんなことがあったので、宮

日本Ｍ＆Ａセンター設立記念講演会で講演する分林氏

内氏からは「もうメーカーは一切、買わない」という話も聞いていた。

紆余曲折を経て、この会社は今でもオリックス・グループにあって、不動産関係のビジネスに業態転換している。

そうした買収の経緯を知っている分林にとって、オリックスはたいへん決断が早い会社に映った。

日本M&Aセンターの旗揚げを兼ねた講演会で宮内氏が講演を快く引き受けてくれたことに対して、分林は感謝の思いで一杯であった。

15冊の専門書を読んで講演をこなす

当日は宮内氏が約1時間、分林が約1時間、講演をした。

分林は日本M＆Aセンターという会社を立ち上げたものの、実は実務面でM＆Aを行った経験は全くなかった。

「新宿の紀伊國屋書店に行って、そこにおいてあるM＆Aに関する本を全部買い取って来て欲しいんだ」

分林は社員にこう言って本を買いに行かせた。紀伊國屋書店本店は当時、国内最大の売り場面積を誇っていた。

本を買いに行った社員が戻ってくると、彼が買ってきたM＆Aに関する本は全部を合わせても15冊ぐらいしかなかった。M＆Aに関しては、日本での一般の認識はまだその程度の時代だった。

社員が買ってきた約15冊の本を分林は一応、全部ざっと読破して、ポイントとなる部分だけを頭にたたき込んだ。それで約1時間の講演に臨んだ。

確かに専門書を15冊も読んだということもあるが、M&Aの本質を事業承継の観点からその時点でつかみ取っていたことも関係していたであろう。M&Aは当該企業がお互いに強さを相乗効果で高めたり、あるいは弱点を補強するもの。そのことで成長を図り、経営を持続させていくものだということを分林は直観的に把握していたのだと思う。後日、そのときの原稿を再読してみて、話した内容が「ポイントを衝いていた」と述懐する分林である。

そんな慌ただしい中でとにかく、日本M&Aセンターはスタートした。

信頼できる部下・三宅の参加

その年の6月、分林はFP（ファイナンシャルプランナー）のための勉強会の講師としてたまたま声がかかり、名古屋に行く機会があった。

かつて日本オリベッティの大阪時代の部下であり、現在、日本M&Aセンター社長を務める三宅卓は、その当時、中部地区で日本オリベッティの東海営業所の所長を務めていた。そこで東海銀行（現三菱東京ＵＦＪ銀行）を始めとして地銀やその地域の信用金庫などにオリベッティの金融システムを販売していた。

分林はこの機会に久しぶりに三宅と会ってみようと思い立った。

あるホテルで三宅と会っているとき、急に三宅は沈黙してから、こう言った。

「その会社に参加することはできますかね？」

こうぽつりと参加の意向が漏れ聞かれたのだった。これは願ってもいない言葉だと分林は思った。

三宅は日本オリベッティで金融機関を相手に仕事をしているうちに、Ｍ＆Ａに対する認識が深まり、その仕事に興味を持ちだしたのだろう。その結果、分林が設立した新会社は将来、日本でもたいへん大きなビジネスになるとの確信を得たのは間違いなかった。

仕事熱心だから「仕事ができる」

しかし分林が三宅を自分がつくった会社に誘ったことが周囲に知れると、関係者から余計な反感を買うことになるのではないか、と密かに懸念した。

三宅の申し出を快く受け入れながらも、その年の7月から8月いっぱいまでは一切、どこの会社に移るかということは周囲には絶対に明かさないように、と三宅にクギを刺した。

三宅がオリベッティを辞めるということになり、三宅は案の定、毎晩、会社関係者から「今晩一緒にメシを食おう」と誘われ、先輩たちや部長に退職を撤回するように説得攻勢をかけられた。そんな説得攻勢にあっても三宅は、転職先に関しては頑として口を割らなかった。

7月から日本M&Aセンターが全国を縦断した講演会や、都内での旗揚げパーティーを開催することになったときも、三宅がそれに参加すれば波風が立ってしまうので、参加を控えてもらった。新会社に対してはどんな妨害が入るかわからないから、とにかく慎重には慎重を期した。分林の指示に従って、三宅は7月、8月は一切、動かずにじっとしていた。

分林が三宅を欲しがったのは、三宅は非常に仕事熱心だったからだ。仕事熱心だから当然、彼の手がける仕事はどんな難しいものでも必ず成功した。「仕事ができる」人というのは皆、そういうものだ。何か特別な才能があるとかないとかという問題ではない。

日本オリベッティで会計事務所を相手に仕事をしているときは、部下だった三宅は熱心に仕事をやっているうちに、いつの間にか吃音症が治り、自然に人前でどんどん喋れるようになっていった。今では講演会などで何百人という人の前で話している。日本オリベッティ時代の三宅はとにかく仕事がよくできた。分林が今から思い返してみると、その理由には思い当たることがあった。三宅は自分が担当した仕事のレポートをいつもきちんと書いていたのだ。

レポートを書くためには、きちんとした論理的な説明を組み立てていく作業を行う必要がある。その訓練を怠らずに行ってきたので、三宅は顧客先での説明でも顧客を納得させることができたのだ。

加えて、その人柄がとてもいい、と分林は感じている。それは顧客先から好かれるための非常に大きな要素だ。

こうしてその年の9月1日から、三宅卓も日本M&Aセンターに参加することになった。

夢にも思わなかった「株式上場」

日本M&Aセンターは2006年10月に東証マザーズに上場した。会社設立から16年目のことであった。

この株式上場は起業当初から考えていたのか？　と問うと、意外なことだが、分林は1991年の会社設立当初は会社を上場させることなどは夢にも考えていなかったというのが正直なところだという。

その気持ちに決定的な変化が現れ始めるのが2000年だった。

その前年、ソフトバンク社長の孫正義氏が、米国の新興企業向けの証券取引市場であるナスダックと提携。当時、大阪証券取引所理事長だった巽悟朗氏を口説き落としてナスダック・ジャパン（後に大証ヘラクレスに移行。その後、ジャスダックと統合）の設立が発表された。翌２０００年5月からこの新興市場がスタート。この動きに刺激を受けた東京証券取引所は、大証の動きに先んじようと、１９９９年11月から一足先に新興企業取引市場マザーズをスタートさせた。日本に新興企業の上場機運が一気に盛り上がった時期だ。

２０００年の1年だけで、日本の新規株式上場企業数は２０４社と、初の２００社の大台に乗り、過去最大の上場規模となった。

同じ年、分林は新興企業の交流団体である日本ビジネス協会（ＪＢＣ）の立ち上げに参加した。現在は分林が3代目の理事長を務めている団体だが、発足早々からこの団体に加盟する企業の中から、続々と上場する企業が現れていた。そのペースはほぼ2カ月に1社という早さだった。分林は株式上場の活発な機運が日本に生まれていることを肌で感じ取っていた。

このような時代の空気もあり、分林も上場を本気で考えるようになった。

日本M＆Aセンターの東証1部上場で東証恒例の鐘を鳴らす分林氏

2004年12月に分林は臨時株主総会を開き、資本政策の変更を決議、上場に向けて本格的に動き出した。内部監査の充実や役員兼務問題の解決等を図り、そこから約2年でマザーズ上場にこぎ着けた。

そして、それからわずか1年2カ月後、今度は東京証券取引所1部に上場を果たした。この上場は当時、東証でも歴代4位のスピード上場記録となった。同社がこれほど早く東証1部に上場できた理由は、会社設立当初から株主に対するきちんとした情報開示を行うなどで、ディスクロージャーの体制がしっかりつくられていたからだと分林は考えている。

会社設立時の出資規模と、東証1部上場時の市場での同社の株価時価総額を比べると、同社の1株の価値は約120倍に増大していた。設立当初に100万円を出資した人は、上場でその保有株式の価値は1億2000万円ぐらいになった、というわけだ。現在ではたぶん、それが500倍ぐらいになっているだろう。最初に出資した人は、元手が返って余りある額だ。

分林は、株主に対しては配当で報いるとともに、株価を上げることを意識した経営を行っていくことが大事だと考え、そういう経営に努めてきた。

日本M&Aセンターの業績は、前述の通り、創業の最初の年を除いて以来23年間、連続黒字決算を続けている。今でも実質無借金経営だ。

こうした業績は証券取引市場から評価され、アベノミクスによる株高の影響もあって、同社の株式時価総額は最近では2000億円の大台を突破している。

法人、個人を合わせた日本M&Aセンターの株主数は、現在、約5000以上。上場以来、市場から株式を購入して新たに株主になる人は今もいて、日々、株主数は増え続けている。

これら新しい株主に報いるためにも、分林は配当政策だけではなく、株価が上がるような経営にこれからも努めていく覚悟だ。

第3章　起業の原点

生い立ち

分林は幼少のときから、どちらかというと、母親よりも父親からの影響を強く受けた。

2003年2月、その父親は亡くなった。

誰でも死に関しては、怖いという感情を抱く。分林もそれまでは死ぬことは怖いという気持ちがあった。だが父親を亡くしてからは、死んで「また父親に会える」と思うようになった。今もそういう感覚をずっと抱いている。それぐらい、父親のことが好きだったし、影響を多く受けたのだろう。

分林の父親は京都では著名な観世流の能楽師だった。

能楽師は何かの組織に属しているわけではない。個人プレーの世界である。個人プレーの世界だから、何か問題が起きても誰かが助けてくれることはない。

大きな病気をしたらたぶん、それでキャリアは終わってしまう。亡くなれば、本当にそれで終わりだ。言ってみれば、大海原に小さな小舟が浮かんでいるようなものだ。

こういう世界にいるから、能楽師の家族は誰もが「板子《いたご》一枚下は地獄」という気持ちを抱くようになる。

「恐れるものは何もない」。分林も何か問題が起きたときには、こういう気持ちをよく抱いた。この気持ちは間違いなく父親からの影響のものだと感じている。

子方として能の舞台に立つ分林氏（前列）

分林が学生時代に能楽でアメリカ縦断旅行を決断し、それを決行したときには、この気持ちが分林の中でさらに大きく醸成されることになった。

「何とでもなる。死ななかったら大丈夫だ」。「人間、メシさえ喰っていれば生きられる。だから大丈夫だ」。

分林の中に染みついていたこうした気持ちが、その縦断旅行によってさらに醸成され、人生に大きな影響を与えていくことになる。そのおおもとには能楽師であった父の存在があった。

滋賀県への疎開

分林の父は１９０９年（明治42年）に生まれた。戦前から能楽師を務めていた。しかし、その父も太平洋戦争が勃発すると、軍需工場へ働きに行った。

そしてその父は94歳で亡くなった。分林は父がよくここまで長生きできたものだと思っている。父親は身長が１５０センチぐらいだったので、当時としても小柄な方だった。体もそれほど頑強ではなかったが、身体が屈強であるかどうかは、寿命の長さとはあまり関係がないようだ。

実際、分林の父親は身体がむしろ弱いほうで、軍隊では身体検査の結果、乙種合格となったので、戦争には行かずに済んだ。それで軍需工場で働くことになったのだ。

ただ持ち前の明るくて前向きな人柄で、戦時中は軍需工場でも活躍したらしい。

戦時中の１９４３年（昭和18年）８月に分林が生まれた。戦後、１９４７年に弟が生まれ、男３人、女３人の６人兄弟で、５番目の次男だった。

分林が１歳の頃のことだったのでほとんど覚えていないが、父親は家族が全員で７人もいる大所帯だったので、戦争中は京都の実家から、琵琶湖の湖東にある滋賀県日野町に疎開することにした。そこには母親の妹、即ち分林の母方の叔母が住んでいたが、その「離れ」を借りて７人家族が一緒に暮らすことになった。

戦後はますます食べものがなくて困る時代になった。闇市から買ったお米を見つからないように、足や胴に巻き付けてヤミ米を売りに来ていた人のことを分林は今でも覚えている。

終戦からほどなく京都の実家に戻った。京都の実家は中京区室町にあった。京都御所のすぐ近くで、いま京都商工会議所がある場所のすぐ西側だった。

この時代の人は皆、たくましく生活をしていた。からだは小柄だった分林の父も、分林にとってはたくましく感じた。

観世流の能楽師

分林の父は観世流の能楽師だったが、前述のように戦争中は軍需工場に勤めていた。そもそも能楽を習うような時代ではなかった。

戦後になると、父は能楽師を再開した。当初の頃は、教え子はそんなに多くはいなくて、ぽつぽつと教え始めたという感じだった。

それと同時期、父はある会社の専務取締役を務めるようになった。

分林の父は、人をマネジメントすることにとても長けた人だったようだ。

1950年(昭和25年)1月のある日のことだった。当時、分林は6歳、小学校1年だった。実家の隣には京都新聞社が出していた「夕刊京都新聞」という夕刊紙のオフィスがあった。

その頃になると、分林の父には結構、教え子が多くなっていた。だから正月にもなると、教え子が集まる新年会などが催されるようになっていた。

その日は家族みんなで新年会に出かけていた。新年会が終わって、夜の10時頃に実家に戻ってきて、しばらく家族が団欒していると、ぱちぱちという音が外から聞こえてきた。何だろうと思ってみんなが庭の外を見てみると、隣の新聞社から真っ赤な炎が出ている。

夕刊京都新聞との間には、高塀があったが、庭を挟んで面している2階部分から炎は瞬く間に実家に燃え移った。

結局、実家の家屋は、離れを含めて全部、ほとんど燃えてしまった。

幸い、けが人は出なかったが、それからしばらくの間は、一家は向かいのお宅に仮住まいをさせてもらうことを余儀なくされた。

しかし燃えた家はすぐに建て直された。建て直すのに際して、能に使う特徴的な舞台も作り、ここで父は本格的に能を教えるようになった。

このように、戦後すぐの頃は、人々は困難があっても、とてもたくましく活動していたように感じられる。

分林の父は、最後は観世流の「職分」という肩書きで亡くなった。

能楽界の中ではかなり高い位に上り詰めたことになる。教え子は延べ１０００人は

米寿で能『鷺』を舞う父・分林保三氏

いたというから、たいへんなものである。94歳まで現役で教えることを続け、亡くなる4日前も教えていた。

自宅の舞台での稽古日は毎週水曜日だった。

ある水曜日の稽古の後、分林の父は後援会長でもある医師から「先生、明日入院されたらいかがですか」と言われた。

この数日後、眠るようにこの世を去った。

この様子は読売新聞に大きく掲載された。

「〽身は浮草を誘う水　なきこそ悲しけれ――。

突然、病室に張りのある声が朗々と響いた。十八番だった能曲『卒都婆小町』の一節。ベッドの傍らの弟子たちに『この謡をまた、思い出してくれたらええ』とほほ笑んだ、その数時間後。『南無阿弥陀仏』と二度つぶやき、眠るように静かに逝った。」（『讀賣新聞』２００３年4月１３日・「追悼抄」）

亡くなった日は、奇しくも分林の親友で船井財産コンサルタンツ（現青山財産ネットワークス）を上場した創業者平林良仁氏の誕生日だった。亡くなった前日、分林は親友の誕生日の前夜祭で河口湖にいた。翌日に鎌倉の自宅に帰宅後、訃報を聞いて父の死に京都にかけつけた。平林氏との縁に特別な思いがあるようだ。

父の背中を見て

分林の父の教え子には、女性がとても多かった。ファンも多かった。よく女性の弟子たちからは「先生、かわいい」と言われていたことを分林は覚えている。

分林の父はたいへん世話好きの人だったという。これは天分だったのだろう。明るくて前向きだったから、教え子もたくさん集まってきたのだ。

常に前向きにものを考える、ということしかしなかった。

分林は、父がよく「振り返るな」ということを言っていたことを覚えている。とにかく「前を向いて歩いたらいい」と言っていた。

父が亡くなったときには、「京都観世会館」を再建したときの中心的な役割を果たした人であることが読売新聞でも紹介された。

父親はそのような活動でずっと、いろいろな人の世話役をやっていた。

だから、関係者からの人望は非常に厚かった。

能楽に関しては、分林家はそんなに古くからやっていたわけではなかった。

実質的には、分林の祖父の時代から能楽に関係し始めていた。父親は6歳からその世界に入ったそうだ。

父親が亡くなったときは、全国の新聞に掲載された。

葬儀には1000人以上が集まった。

「自分の尻は自分で拭け」。父からよく聞かされた言葉だ。

要は、自分でやったことは自分で責任を取れ、ということだった。

この言葉を敷衍すると、「自分の好きなことをしろ、ただし、責任をとれ」というアドバイスでもあった。

能楽師の世界では、もし子供が3人いたら、3人とも能楽師になっているのが普通だと考えられている。ところが分林の父は一切、そんなことは強制しなかった。むしろ、自分の好きなことをやったらいい、と言っていた。このように、子供の将来の道は自ら選ばせた。

だから、父の後を継いだのは結局、長兄だけだった。それも、その長兄は自分自身、能が本当に好きだったから継いだのだ。長兄は高校3年のときには能管の笛を買って自分で吹いていたぐらいだった。

高校で能楽部をつくったのも長兄だった。

朱雀高校山岳部の先輩たち

分林の兄弟は、一番上の兄から5番目までは皆、同じ高校に通った。京都府立朱雀

高校の山岳部時代の分林氏

高校だ。

これには訳がある。当時、京都は一学区制だったので、公立高校に行くなら、ほかに選択の余地がなかったからだ。公立高校なら100%、朱雀に行くしかなかった。

ところが分林の弟だけは違った。弟は京都市立堀川高校という高校に入学した。隣の町にある高校だった。それは学区制が変わったために、そうなった、というだけのことだった。

公立高校は基本的には平均的な人が集まってくるところだった。

しかし分林が高校1年のときは、先輩の3年生にはとても優秀な学生が多い高校だったと懐かしそうに話す。

分林は朱雀高校では山岳部に所属した。この山岳部には特に優秀な人が多かった。分林が1年生のときに当時3年生だった部員10人のうち、京都大学に進学した先輩が2人もいた。ほかに京都府立医科大に1人、慶應義塾大学に1人、早稲田大学に1人等が進学した。早大に進学したのは、後に軍事評論家・ジャーナリストとして有名になる田岡俊次氏だ。

田岡氏の父は京都大学の名誉教授で、憲法学の権威だった田岡良一氏だ。

田岡良一氏はドイツに留学していた頃にモンブランへ登ったことがあった。そのときに履いていたという登山靴を、この先輩から借りて、分林は高校時代に生まれて初めて北アルプスに登った。

分林が山岳部に入部したときには、山岳部の先輩である田岡氏のお父さんの靴を借りることにしたのだ。この登山靴を履いて、夏の北アルプスを縦走した。

そのときは白馬から後立山連峰、鹿島槍ヶ岳などから最後は針ノ木岳まで、1週間ぐらいをかけた。入部した1年生の夏はそうやって始まった。

ところで、田岡俊次氏には弟がいて、彼も後から山岳部に入って来た。その弟は高校を卒業すると慶應義塾大学に進学した。慶應にはグライダー部があって、彼はそこに入部した。ところが、彼はまもなくしてそのグライダーでの事故で亡くなってしまった。とても優秀な人だったのに、本当に痛ましい事故だった。

宮下昭氏と在ペルー日本大使公邸占拠事件のこと

分林が通った朱雀高校山岳部には前述したように多士済々で優秀な人が集まっていた。

1年上には後に三菱商事に入社することになる宮下昭氏がいた。

宮下氏は朱雀高校を卒業後、早稲田大学に進学し、早大では岳友会に所属した。岳友会は山岳部とは別に、雪や岩ばかりのところを専門に登るような山の会だ。

宮下氏は1964年（昭和39年）、大学を卒業と同時に、岳友会の5人とともに貨物船で2カ月かけてペルーに渡り、ペルーのアンデスの難峰オクシャパルカ他、いくつかを初登頂しているというほどの強者だった。

実は分林の弟も、その早大岳友会の後輩に当たる。宮下氏が卒業と同時に弟が入れ替わるようにして岳友会に入った。

宮下氏の早大岳友会での先輩には、佐々木幹夫氏（元三菱商事社長）等がいた。宮下氏はその後、ペルーに40年間住み、三菱商事ではペルー現地法人の社長を務め、在ペルー日本大使公邸占拠事件のときには４カ月間、監禁された。そのときの常務が佐々木氏だった。今でも鹿島槍の向かいに早大の山小屋がある。

「佐々木さんにはたいへんお世話になりました」と、大使館事件のことを振り返るときには必ず、宮下氏は佐々木氏への感謝の言葉を発するのを分林は何度も聞いた。

当時、人質が解放されて、各社の駐在員は日本に帰国したが、その後、ペルー駐在はどこもほぼ全員が入れ替えになった。もう二度とペルーには行きたくない、という思いが強かったのだろう。

ところが宮下氏だけはペルーに骨を埋めるつもりでいた。

人質事件のときは、仲間たちが激励のファクスを大使館に送っていたが、これは現地で宮下氏の奥さんに止められたようだった。日本からこういうものが届いているということがテロリストたちにわかったらまずいことになるからだ。

日本からのペルー駐在の人たちの中では、宮下氏は一番、経験が豊富だった。その当時でも30何年も現地にいたのだから、スペイン語もぺらぺらだった。当時の青木盛久・在ペルー日本大使とも仲がよかった。言ってみれば日本駐在員の中でリーダー的な存在だった。

人質事件の最後は、ペルーの軍隊による大使館への突入だった。その際、宮下氏は人質側の突撃隊長のような形で、大使館の建物を打ち破って建物の中から出ていった。その途端、テロリストたちの銃撃が始まった。

人質事件は、日本とペルーの修好記念で在ペルー日本大使館が催事を開いているときにテロリストたちに襲撃されたものだった。その際に、裏庭に張っていたテントが残っていた。宮下氏は何とか、そのテントにまでたどり着こうと思って、この日を待って、毎日毎日、腕立て伏せをしたり、階段の上がり降りをしたりして4カ月間、体力を保つ訓練をしていた。

彼は高校時代、ゴリラというあだ名がついていたほど、身体は大きく、体力があった。それで、毛布をかぶって、鉄の戸と木の戸を体当たりで蹴破った。それでもさすがにあちこちで銃撃が始まると慌ててしまい、2階から飛び降りて足の骨を折ってし

山岳部の仲間たちと。右から２人目が分林氏、左から２人目が宮下昭氏。穂高を目指しての河童橋にて

まった。突入してきた軍隊の人が、「はって歩け！」と言うので、その通りにしたら、今度はその際にガラスの破片でさらにけがをしてしまった。

東京・日本橋蛎殻町に三菱グループが運営するロイヤルパークホテルがある。宮下氏が日本に戻ってくると、そのスイートルームに１カ月、泊まることになった。

そのとき、多くの友人たちが車いすの宮下氏を見舞いにホテルを訪れた。

宮下氏の朱雀高校の同期には毎日新聞大阪本社で論説副委員長だった亘英太郎氏がいた。亘氏は高校山岳部の部長としては、分林の前任者でもあった。

また、当時の親友に宮武剛という人がいて、彼も早稲田大学の新聞学科に進み、毎日新聞の東京本社で論説委員をしていた。

宮下氏は「彼らは絶対に呼ばないでくれ」と言ってきた。少しでも自分のことが新聞に書かれることをたいへん恐れていたようだった。人質事件の時はテロリストたちに素性が知られるのを恐れていた。テロリスト側に宮下という人物が三菱商事ペルーの社長だとわかってしまうと事件後も狙われやすくなる。だからマスコミ関係だけは悪いけれど見舞いに来ないでくれということだった。

宮下氏はその後、しばらくしてペルーに戻った。ペルー法人の社長、会長を務め、会社を辞めてからも、ペルーでの人脈があったので現地の様々な会社の顧問になった。

身体は頑強に見えた宮下氏だったが、ガンに罹っていた。日本に帰ってきたときには何回か会いにいった分林だが、「治ったからペルーに戻るよ」と言ってペルーに戻っていったのを見送ったのが最後となった。その後間もなく、訃報が届く。享年63であった。惜しい人物を早く亡くしたという惜別の思いが今でも分林には強く残っている。

多士済々の人との別れ

分林にとって思い出深い宮下氏だが、宮下氏と朱雀高校の同期だった毎日新聞の亘英太郎氏もまた、残念なことに2013年4月に急逝してしまった。

亘氏は高校卒業後、同志社大学に進み、同志社の山の会のリーダー的存在だった。毎日新聞大阪本社では京都支局長から大阪社会部長を経て、最後は論説副委員長になった。退社してからは奈良大学の教授もしていたが、大学教授を2013年3月に辞めてからすぐの急逝だった。同じ毎日新聞出身のジャーナリスト、鳥越俊太郎氏とも長い交友があり、鳥越氏も葬儀に駆けつけた。

宮下氏にはもう一人、中学時代から山を登っている仲間がいた。山崎大造といい、非常に器用な人で、なかなかのアイデアマンだった。

器用なのでスクーターのエンジンを改造し、自分でロール式印刷機も作ってしまうぐらいの人だった。彼は大学には進まず、とある自動車販売会社に就職した。山が好きで、あるときスキーをしていると、リフトを使うのに、そのリフト券をいちいち取り出すのが面倒で、何とかできないかと考えた。

考えた挙げ句に考案したのが、腕に輪をかけて留める方式のチケットケースだった。これをたくさん作って普及させるために日本チケットケースという会社を設立。それまで紐で首にぶら下げるやり方のチケットケースはあったが、それだと風でなびいて、取り出すときにも面倒だった。ゴムバンドで腕につけてチケットをフックに挟むやり方なので、とても使いやすかった。たちまち各地のスキー場が採用して大当たりした。全国約700のスキー場から採用され、全てに納入した。

今やリフトのチケットも電子化されている時代だが、この会社は今でも息子が継いで続いている。

この仕事はスキー・シーズン以外は言ってみればオフのようなものだから、山崎氏は4月から9月にかけてはマッターホルンや、アラスカのマッキンレー、アフリカのキリマンジャロなど、世界中の山を登っていた。その彼も65歳で亡くなってしまった。

このように多士済々の人が在籍した当時の朱雀高校の山岳部は、亘英太郎氏が部長時代には、宮下氏が実質的リーダー、そして山崎氏がまた別の意味のリーダーという感じだった。その3人がともに、60歳代で亡くなってしまったのは非常に残念だと分林は述懐する。

山岳を愛する人たち

亘氏のさらに一代前の朱雀高校山岳部の部長は、加納という人だった。加納氏は京都大学工学部に進学、京都大学では山岳部に所属した。京大山岳部は当時、かなり全国的に有名だった。そしてその当時起きた穂高での痛ましい滑落事故は新聞にも大きく報道され、全国的に広く伝わった。その事故で彼は亡くなってしまった。卒業後は関西電力の役員であった父親の影響もあり、同社に入社を希望していた。

この人がもし生きていれば社長になれるぐらいの器量の人物と見られるほどだった。というのも高校時代からたいへんなリーダーシップがある人だったからだ。高校

3年のときからもうリーダーの風格が備わっていた。

朱雀高校山岳部のOB会は、いまでも行われている。しかし山岳部自体はもうなくなってしまった。やはり高校生がだんだんそういう厳しいことをやらなくなった影響が大きいのだと思う。

山岳を愛する人たちは、人と人のつながりを大事にする。日本の山岳会で南米アンデスに行く人たちの多くは、宮下氏の世話になっている。それほど宮下氏の人柄は、接した人々の心に染み込んでいる。

実は、分林も2010年頃にペルーのマチュ・ピチュに行ったことがあった。

マチュ・ピチュはアンデス山麓の山の中にあり、ペルーのクスコから入る。クスコは標高が3600メートルという非常に高いところにある街だ。首都リマに、天野博物館という名前のミュージアムがある。その館名の元になっている天野という人はペルー在住の日本人実業家で、現地で成功した人のようだった。この博物館はその人がつくったものだったが、博物館の人全員が、宮下氏のことをよく知っていた。宮下氏はそれほど現地社会に溶け込んでいたことが、このことからもわかる。

実は、分林の甥がペルーに日本の能を披露しに行く予定があった。ペルーは、日本が明治維新を成し遂げ、近代化に励んでいたとき、真っ先に外交関係を築いてくれた。その長い間の日本ペルー修好を記念する行事の一環として、能舞台が予定されていた。ところが先述の大使公邸占拠事件でこの催しは中止になり、行くことができなくなった。この事件ではそんな因縁話めいたこともあった。

60年続く小学校のクラス会

分林は、一昨年（2013年）、70歳になった。順序が逆になるが、分林が通った小学校は京都御所の南側にあった竹間小学校だった。今ではもう統廃合されて廃校になってしまっているが、賀陽宮《かやのみや》家も通った歴史のある小学校だ。

小学校のときのクラス会は今でも毎年、一回も欠かさずに続いている。12歳で卒業し、1回目のクラス会が13歳のときだから、今年11月23日に開かれるクラス会は60回目のクラス会ということになる。

分林の6人兄弟は全員、この小学校を卒業している。

60年続く小学校のクラス会にて（2014年11月第58回）

担任の先生は、中島浩という人。たいへんな熱血漢で、よくクラスを2つに分けて、生徒同士をディベートさせた。

たとえば、太平洋戦争の責任は日本側にあるか、アメリカ側にあるか、というようなテーマで、小学校の生徒同士が意見を戦わせる。分林が日本側にある、という意見を言うと、対照的にもう一人がアメリカ側にある、と発言する。そう発言したのが、後に京都大学工学部に進み、阪急電鉄の役員になった林俊二郎氏だった。彼は当時、そのクラスの級長だった。

小学校6年の最後、卒業のときには文集を作った。それも、どれもが論文、と呼べるような文章だった。分林は「朝鮮動乱と特需問題」について書いた。

中島先生のおかげで、小学校5年くらいから新聞を読むのが大好きになった。読めない字は、姉に教えてもらって読んだ。それぐらい、新聞にかじりついた。

中島先生は、給食時間が終わると、山本有三の『路傍の石』や、ビクトル・ユーゴーの『あゝ無情（レ・ミゼラブル）』を読んでくれた。このように、たいへん教育熱心で、それにどちらかというと社会派的な先生だった。90歳になったが、今でも健在だ。だからこのクラス会は60回も続いているのだろう。

クラス会の開催日は11月23日と決まっている。場所は決まっていないが、日時だけがこの日に決められている。この日は勤労感謝の日だが、もとは飛鳥時代の皇極天皇の時代に始まった新嘗祭《しんじょうさい》（にいなめさい）に当たる。

分林が残念に思うのは、この日は11月の連休になることが多いので、ちょうど会社の社員旅行と重なるケースが多いことだ。社員旅行は創業者の分林が率先して行っているから、自分だけクラス会に出るために参加しないというわけにはいかない。だからなかなかこのクラス会には出席できないでいる。何年かに1回、というペースでしか出席できないでいた。

今でもこのクラス会には20名近くが集まっている。卒業時の同級生は45、6人だったから、年数を考えると少なくはない。

このクラスにも優秀な人が多かった。京大工学部を出て、富士通の専務になった前山淳次氏もその一人。前山氏は小学校時代から優秀で、将来は大学の教授になるのではないかと分林は思っていたぐらいだ。

富士通社長・会長だった故・山本卓眞氏にあるとき面談した際、山本氏から「前山君は優秀だ」という話が出たことを今でも覚えている。分林は嬉しくて「小学校時代のクラスメートなんです」と答えた。山本氏が社長・会長のときにはもう役員だった。多分、当時一番、若手の役員だったろう。

「能楽」の全米行脚を計画

分林の起業の原点となっている体験はどこにあったか。振り返ってみると、会社起業の原体験を得たのは、間違いなく大学時代の米国行脚だったと言う。

この計画が立ち上がるに至る経緯について触れる。

高校時代は山岳部での部活動と、加えてスキー三昧の生活を送っていたが、立命館大学に入学するきっかけとなったのは、禅画の研究でも知られていた経済学者で、当時、立命館大学教授だった淡川康一氏の存在だった。

淡川教授は分林の両親とは知り合いだった。父は能楽師、分林の生母の死後、父と再婚した母は裏千家の茶道教授を務めていたからだ。淡川教授は立命館大学で能楽部と茶道部の顧問を務めていたのだ。

その淡川教授から、分林は立命館大学への入学を勧められた。

立命館大学には当時、経済学部から経営学部を分離・新設する計画があり、興味を覚えた。

大学に入学すると、高校時代の山岳部の延長で、探検部に入りたいと考えていた。しかし、能楽師の父のこと、進学を勧めてくれた教授のことなど、いろいろなことが頭の中を巡った。ここは自分の好きなことばかりを追わないで、周囲の期待に応えるべきなのではないか。そういう考えが急に芽生え始めていた。

立命館大学には能楽部があった。せっかく能楽部がある大学に期待をされて入学したのだから、これも何かの運命だと決心し、結局、能楽部に入部することにした。

それには父と対話をしたい、という気持ちが起きていたこともあった。

１９６４年（昭和39年）、大学３年のときに、能楽部の部長になった。

この年は立命館大学に能楽部ができて35周年だった。それを記念した公演会もこの年に開催することになった。当時、立命館大学能楽部の部員は55人もおり、立命館大学能楽部が最盛期を迎えていた。

1964年は、アジアで初めてのオリンピックが東京で開催され、東京―大阪をわずか3時間半で結ぶ新幹線が開通した年。日本は高度成長をまっしぐらに突き進んでいる時期だ。欧米先進各国との距離はぐっと縮まったものの、航空機による海外旅行の自由化はまだ、1971年まで待たなくてはならなかった。

ただ海外からの情報はどんどん一方的に入ってきた。1962年には冒険家の堀江謙一氏がヨットでの単独太平洋横断航海を実現していたし、高校時代の山岳部の1年先輩の宮下昭氏（前述のペルー三菱商事元社長、故人）は南米アンデス山脈への遠征を計画していた。

外から入る様々な情報の刺激を受けて、とにかく海外へ行きたいと思っていた。とりわけ世界の頂点にあるアメリカへ行ってその社会を直に見てみたい、という欲求がふつふつとわき起こっていた。

渡航の準備

とにかく米国へ行ってその様子を見てみたい、という熱望を叶えるために、あるとき、壮大な計画を思いついた。

米国の学生たちに、日本の文化である能楽を実際に演じて紹介していったらどうか？

そういう名目なら、全米各地の大学を巡回公演という形で巡ることができるのではないか――そんな壮大な計画だった。

分林が能楽部部長になった１９６４年の夏から、本気でこの準備に取りかかった。当時、同部員で京都学生能楽連盟委員長を務めていた志賀勝正氏をこの計画に誘った。二つ返事で彼もこの計画に参画することになった。

しかし、そのほかには特に何も伝《つて》がなかった。ゼロから準備を始めなくてはならなかった。まず何より、この夢を実現するためには、米国の大学から招聘状をもらわね

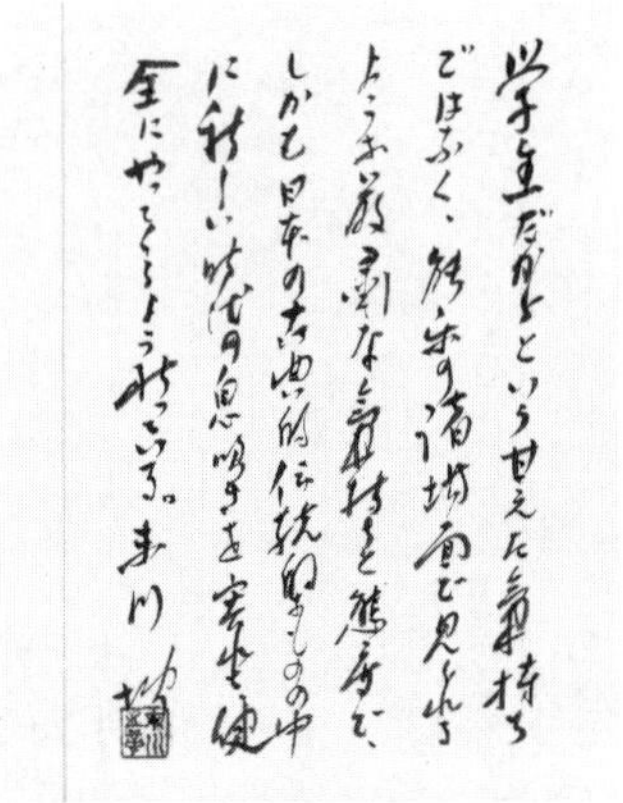

末川博・立命館大学総長（当時）からの推薦文

ばならない。

とにかく米国での能楽公演会の計画書と趣意書が最初に必要だろうと考え、その作成にとりかかった。ただ、それだけではただの学生による作文に過ぎない。そこで、この計画と趣意書に対して、大学総長や淡川教授らの教授陣、能楽界からは人間国宝になられた片山九郎右衛門師（後の幽雪師）、それに京都市長からも賛同の一筆をもらうことを思いついた。そうなれば、この「趣意書」はオーソライズされた形となり、米国の大学からは賛同されやすいだろうと考えた。

能楽の巡回公演計画に対して、権威あるそれらの方々から賛同の一筆をいただくことにはそんなに苦労はしなかった。

ようやく揃ったそれらの文章を、今度は英会話サークルの仲間に頼んで英語に翻訳してもらった。これを全米の約50の大学へ送付した。30数校から日本の大学生による能楽公演を是非、招聘したいという回答をもらうことができた。

このような高い確率で学長から招聘状が届いたのは、ドラマ学科（演劇学科）を有する大学の学長だけに趣意書を送付したからだと分林は語る。どのポイント（要所）をどう押せば道筋がつけられるかを考え抜いた末の趣意書づくりである。このように分林には事業の構想力と実行力が学生当時からあったのだろう。

結局、巡回の行程上、公演をするのは20大学に絞った。これで米国行きの目的は間違いなく確立された。

しかし次に必要となるのが渡航手段。当時はまだ日本では、航空機での自由な海外渡航はできなかった。

当時のアメリカ往復の飛行機代は25万円。大卒初任給が約2万円の時代に、新卒の年収分である。神戸の船会社を10社ほど訪ねたが断られ、最終的には父親の知人の船会社の役員の理解で名古屋港を出発して約2週間をかけてカナダのバンクーバーに到着する貨物船に乗せてもらうことになった。

次に必要となる軍資金をどうするか。ざっと見積もって最低、50万円は必要だった。今の感覚でいけば500万円ぐらいは必要、といった感じだ。そんな大金は、分林のアルバイト代だけではとても稼ぐことができなかった。そこでＯＢを含む多くの部員や友人がカンパをしてくれ、父親も援助してくれた。さらに自分で1年間に2つのアルバイトをかけもちし、何とかこの軍資金を賄うことができた。

もちろん、本題である公演のために、能楽の稽古をしっかり積んでおかなくてはならなかった。また、英会話も身につける必要があったので、この特訓も行った。現地に行ったら、日本の大学生活や能楽のことについて聞かれると思ったので、スライドや映画の制作も行った。

こうして準備には1年を費やし、いよいよ1965年9月21日、名古屋からカナダ・バンクーバーへ向かう新和海運の貨物船に乗り込んだ。

約20人が名古屋へ見送りに

この計画は、1年がかりで実現にまでこぎ着けたものだった。だから米国へ向けて出発する頃までには既に、この計画は広く知れ渡るところとなり、当時、「学生が能楽で全米を行脚する」ということで話題となり、TV局や新聞社など、いくつものメディアから多くの取材を受けることになった。

名古屋から貨物船に乗り込むときには、能楽部の部員約20人が京都からわざわざ名古屋港に見送りに来てくれた。見送りのランチ（はしけ）と貨物船から「アメリカで頑張ってこいよ」「立命能頑張れ」と声をかけ合った後、日本の海岸から遠く離れていくとき、後甲板の日章旗がやけに大きく見えた。日本という国を意識したのは初めてだった。その当時まだアメリカは遠い所だった。

能楽の全米公演はＴＶでもとり上げられた。左が立命館大学能楽部時代の分林氏

そうやって船に乗り込んだ分林は、渡航中、夜になるとよく甲板に出ては星を眺めていた。

星を見て人生観が変わる

「人間は何とちっぽけな存在なのか。宇宙はこんなに大きいのに、なんで人間というのはつまらないことで悩んだりするのか……」

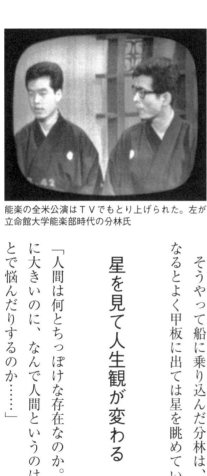

1965年9月のある夜、名古屋からカナダのバンクーバーに向かう貨物船の甲板上で、満天の星空を眺めながら、分林はそう思った。

渡航中、15日間、毎日夜は星を見るしかなかった。宇宙の星からは何万光年、宇宙から見た自分は一瞬しか生きていない存在。開き直って「人生やり残したことはない!」をモットーに生きようと思った。

バンクーバーに到着すると、カナダ・アメリカ・メキシコまでのバスに99日間内なら99ドルで自由に乗れるというパスを購入した。こういうシステムのチケットを購入するのも、生まれて初めての経験だった。

最初に向かったのはカナダと隣接するワシントン州の南側に位置するオレゴン州最大の都市ポートランド。ポートランドでは、現地の大学関係者から渡されたスケジュールを見てびっくり。講堂での能楽の公演会に加えて、演劇や仏文学などの様々なクラスで能楽についての講義をする予定がびっしり書き込まれていたからだ。つたない英語で能楽について説明することがいかに困難なことかを思い知らされた。

数百人を前にした能楽の公演では、『敦盛』『船弁慶』『土蜘蛛』の3曲を演じた。演目を全て終了すると、場内からは割れんばかりの拍手喝采となった。

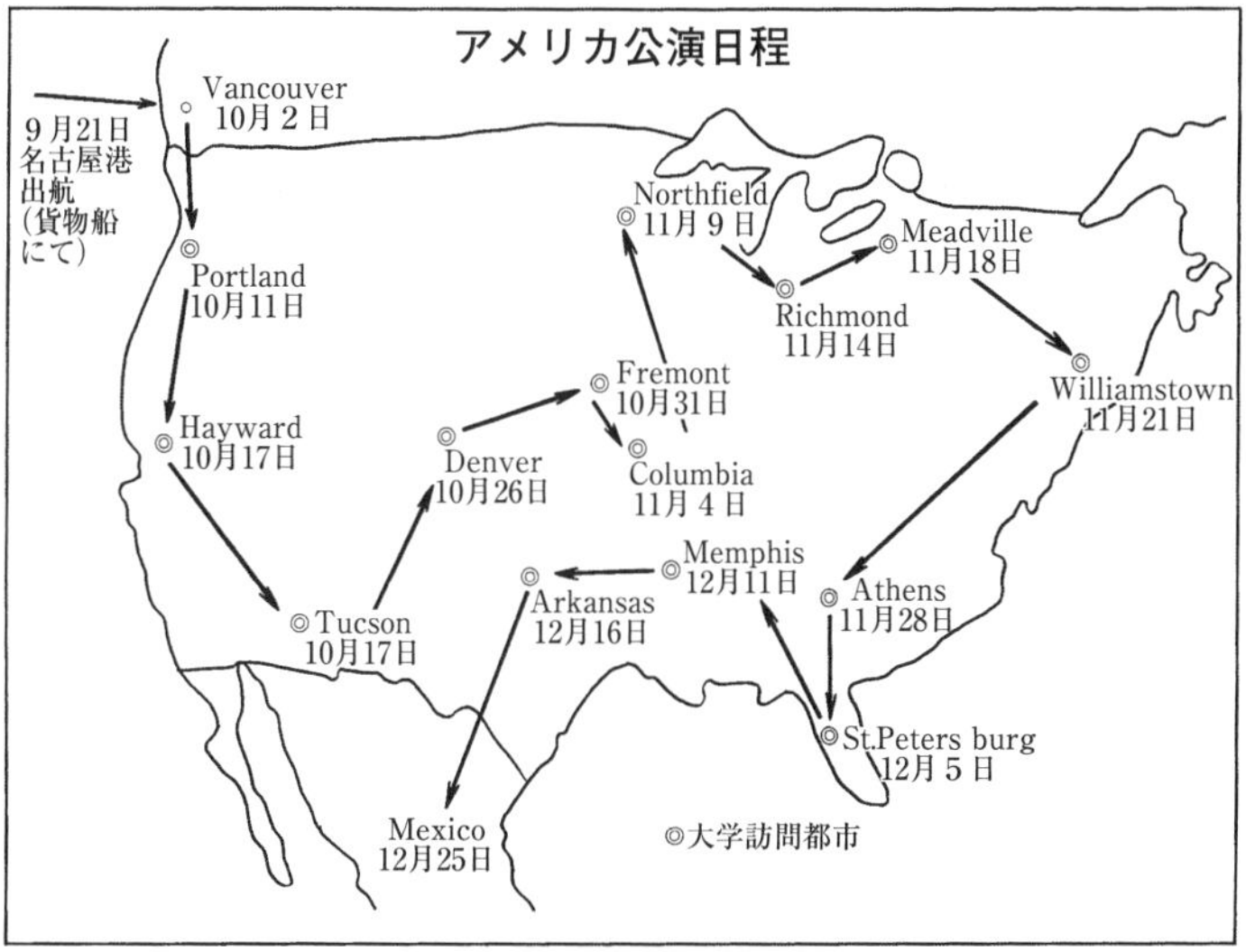

このときようやく、これまでの苦労が報われたと感じた。

約３カ月をかけて全米35州を訪れ、20の大学で公演や講義を行った。各地で大学総長が主催するパーティに招かれ、現地のＴＶ局や新聞社からは何度も取材を受け、何百人という人からサインを求められた。

もちろんハプニングも多かった。

ミードヴィルからウィリアムズタウンへと向かう道中のボストンでは、バスで荷物を間違えられて衣装道具を全て紛失したため、応急措置としてあり合わせの中国風衣装とバイキング風サーベルという出で立ちで能の太刀振る舞いを演じる

セントピータースバーグ大学（フロリダ）での分林氏（前列右）

という、泣きたくなるぐらい珍妙な公演となった。また『土蜘蛛』を演じるために必要な小道具の蜘蛛の糸が足りなくなり、２日間徹夜をして蜘蛛の糸を手作りでこしらえたこともあった。

またある大学では、客席に10人程度しか観客が来ていないこともあった。

そうした悲哀を味わいながらも最後のアンカーソー大学で20の大学を巡る全米行脚は無事やり通せることができたときは達成感を感じることができた。

ホームステイ先であるフロリダの親日家の家にて。左が分林氏

米国では驚きの連続

実際に生で初めて見る米国社会は本当に驚きの連続だった。

スーパーや車社会、外食チェーンなどなど……。日本では当時、まだスーパーという業態が登場して間もなく、自動車で買い物に出かけ、大量買いする消費行動はなかった時代だ。しかし米国で起こったことはその後、これまでの40数年間の間に全て、日本にも伝わってきた。

米国人の考え方はある面で非常に合

全米公演でのひとコマ。アーカンソー大学のキング教授と

理性であり、フェアネス（公正さ）を重んじる社会であることが、3カ月強の米国滞在でよく理解できた。

また、米国人の学生は、月曜から金曜まで本当によく勉強することに感心した。ところが週末になると彼らは徹底的に遊ぶ。勉強するときは勉強し、遊ぶときは遊ぶ。この切り替えぶりに強烈なものを感じた。

とにかく肉食系の人種は違うというか、当時、21歳になっていたが、体力ではとても彼らには叶わないと思った。夜中の1時、2時まで平気で騒いでも翌朝6時にはビシッとしているのだから。それに個人個人では皆、とて

66年メキシコ訪問時、日本を紹介するメキシコの雑誌企画に協力

もカインドリーでフレンドリーだ。当時はベトナム戦争の時代だったが、彼らは、自分たちはとても幸せだ、この幸せを世界に広めないといけないんだ、という確たる考え方を持っていた。これが彼らの強さの秘訣なのだと思った。

シカゴで泊まった家でまた強烈に印象的だったことは、決して裕福ではない家庭なのに中国系やプエルトリコ系など自分たちとは違う人種の子供を養子にしていたことだった。もちろん、人種差別が激しい面も米国社会にはあるだろう。だが、個々の市民をつぶさに見ていくと、こうした日本ではまず考えられないような光景を、米国では目の当たりにすることができるのだ。こういうところに、米国社会の懐の深さ、力強さというものを実感することができた。

せめて悔いのない人生を

功名を求め各地から勇猛な武将がはせ参じた時代。正に兵どもが夢のあと――。戦国時代の昔から、いま現在にいたるまで、人は皆、ただ同じことを繰り返しているだけではないか。人間とはそんなものか。それならばせめて、悔いのない人生を送りたい。死んでいくときには、もうすべてやり残したことはない、という一生にしたい。

学生時代に米国を行脚した経験が恐らく、こういう考えを分林に染みつかせることにつながったのだろう。

太平洋の大海原。その広く果てしない航路を船がゆったりと航行していく。行けどもゆけどもそこには海しかない。気が遠くなる広さだ。世界の広さを分林は肌身で実感した。

それと同時に急に心に余裕ができた気がした。精神的に強くなった、というのか、開き直りの境地に似ていた。

悔いのない人生を送るにはどうしたらいいか――。

米国での能公演を企画し、実行する中で米国の教授、学生たちと交流し、議論を交わしたが、分林はそれ以来、このことを考えながら、社会に踏み出すことになる。

社会への第一歩、後の文相宅に下宿

立命館大学を卒業したら、最初は、米国に留学をするつもりでいた。

大学４年のとき、能楽の公演で９月から翌年１月にかけて米国行脚をしたが、米国に行く前に取りあえず就職先を一つは決めておこうと考え、内定だけは得ていた。それが総本社がイタリアにある日本オリベッティだった。

日が経つに連れ、米国へ留学するならいつでも行ける、と考えるようになった。結局、卒業後の4月から、日本オリベッティに入社した。22歳のときだ。

日本オリベッティに就職を決めた理由は、これから間違いなくコンピューターの時代が来るだろうと思ったことに加えて、「無限の可能性」という言葉に惹かれたからだ。

入社した早々の4月1日から研修があった。

入社した当時は、東京・世田谷にあった小杉隆氏の家に下宿をした。

小杉氏はその後、都議会議員から衆議院議員となり、文部大臣も務めた（1996年〜97年）が、当時はラジオ東京（現東京放送ホールディングス＝TBS）に勤めていた。

小杉家はもともと世田谷の政治家の家庭だったそうで、自宅の家屋はたいへん大きかった。当時、オリベッティの社員が20人以上、そこで寮生活をしていた。

オリベッティの日本の拠点は当時、目黒区碑文谷に今もあるサレジオ教会（現カトリック碑文谷教会）の横にあった。この教会は、松田聖子が結婚式を挙げたところとして有名だ。

日本オリベッティの入社式にて（後列いちばん左が分林氏）

サレジオはイタリア修道会系の学校で、その敷地内にカトリック教会があった（現在、学校は移転）。イタリア資本のオリベッティだけに、当初から親密な関係があったことがわかる。

目黒通りを挟んで反対側に小杉邸があった。

入社したときには、小杉氏は既に結婚をしていて、3歳くらいの子どもがいた。小杉氏は戸籍上は養子だったそうで、夫人もやはり養女だった。夫人は神戸の海星（神戸海星女子学院）出身で、お嬢さん育ちだった。

夫人はたいへん優しい人で、下宿していた新入社員たちに2人のお手伝いさんと一緒に朝食を作っては運んできてくれていた。

一方、小杉氏は東大のボート部出身のスポーツマンで、当時は毎日、走って放送局まで通っていた。国会議員になってからも走って登院したことがあった。

小杉氏自身、たいへん腰の低い人だ。

2カ月経って小杉家を出た後も、分林は小杉家と付き合った。

小杉氏が都議会議員選挙のとき、一時、小杉家に出向いたことがあった。小杉氏は自分で謄写版を回してビラ作りをし、自転車で選挙運動をし、30歳のとき初めて都議会議員になった。当時、最年少だった。最初は新自由クラブから出馬し、新自由クラブが解党すると自由民主党に移り、数年前まで衆議院議員を務めた。まさか小杉氏が文部大臣になるとは、当時は思ってもいなかった。

スペイン語を学ぶ

日本オリベッティに入社してから4、5年くらい経ったとき、南米に行こうと思い立ったことがあった。本当に会社に辞表を出しかけたほどだった。

そのときに南米でどんな仕事をしたかったのか。いま振り返ってみると、実は、今の仕事とあまり変わらないことを未知の新興国でやってみたい、という思いがあった。

その当時、日本の技術力はだんだん世界の先進各国に追いついてきていた。ちょうど大阪で万国博覧会が開催された頃だ。この日本の技術力と資本力を、南米の資源に結びつけたら、面白い仕事ができるのではないか、と考えた。

それでスペイン語の勉強をし始めていた。リンガフォン（英会話教材）を買って一人でとにかく勉強した。ペルーに行けば高校時代の山岳部の1年先輩である宮下氏（前述）もいるから、とりあえず何とかなるだろうという考えもあった。ペルーの現地で南米のことを少し勉強をして、それから現地でビジネスを立ち上げよう、などと漠然と考えていた。

このように、起業するための具体的な絵図は会社員生活のかなり早い時期から描いていた。

サレジオ教会にあった会社

入社した頃、日本オリベッティには図書館があった。

日本オリベッティのオフィスは前述の通り、当時、東京都目黒区碑文谷のサレジオ教会の敷地内。実は、サレジオの敷地を半分に分けてもらい、そこを本社にしていた。

碑文谷にオフィスを置く前は、箱根に本社をつくろうという計画もあったらしい。というのも、欧米系の会社には、本社はどこに置いてもいい、という考えがあるからだ。

だからたとえば、コカ・コーラのような国際企業の本社はジョージア州のアトランタにあるし、ＩＴ各社の本社はカリフォルニア州のシリコンバレーと呼ばれる地区に集まっている。こういう感覚は日本にはあまりない。

また、とくに外資系会社にとって日本で仕事をする場合には、当時の日本は欧米各国に比べて相対的に物価が安く通貨も安かったので、移動や宿泊コストを厭わずに仕事ができると考えられていた。電話と車があれば、どこに本社を置いても同じだ、といった感じだ。

当時、１９６０年代半ばから後半、つまり昭和40年代初めは高度成長期に入ったとは言え、まだ目黒の碑文谷界隈には畑も残っていた。

サレジオ教会の敷地にあったオリベッティの本社の真ん中には、日本庭園があった。

もちろん本社とするために作った日本庭園だ。フロントには石庭があり、いろいろな野鳥がたくさん遊びに来ていた。

本社屋の中に図書館があった。分林は仕事が終わるとよく図書館に行くようになった。

仕事のことなどでいろいろ悩んだとき、ここによく来た。コンピューターのことを勉強しなくてはならないと思っていたこともある。ここで本を読んでいると、勉強することは本当に大事なことなのだという気持ちになった。ビジネスマンになりたての時代に研鑽を積んだ思い出深い図書館だ。

「無限の可能性」に惹かれる

１９６０年代の中頃、日本が高度成長期のまっただ中のとき、全国各地のいわゆるベッドタウン地区には地方公共団体や日本住宅公団（その後、住宅・都市整備公団、現都市再生機構）などがつくる集合住宅の街が雨後の筍のようにあちこちに誕生した。

これを一般には団地と言っていた。「団地住まい」は高度成長期が始まる頃まではまだモダンな響きがあり、ここに入居するのは一種のステータスでもあった。

だが、１９６６年（昭和41年）に大学を卒業するとき、分林は「団地には絶対、住みたくない」と思った。箱のような画一的なところに住んで、画一的なサラリーマン生活を送りたくない、という思いがあったのだ。

心の奥底には、社会人になった当初から、いつかは独立したいという考えがずっとあったからだ。

とはいっても結局、最初は会社勤めが避けられなかった。しかし、就職するなら、なるべくならオーナー系の会社には行きたくない、という考えが漠然とあった。

オーナーの創業者にはもちろん仕えてもいいと思っていたが、仮にその人の息子が会社にいたときに、その息子が仕事のできる人だったらいいけれど、できない人だったら悲惨なことになるだろうと思ったからだ。若いときの直感的な感性を頼りにした判断は案外、的外れではなかったことがわかる。

外資系のオリベッティに入ろうと決めたのは、そういう心配がないことが第一にあったが、それよりも同社の「無限の可能性」という言葉に惹かれたことが大きかったことは前述の通りだ。

イタリアの有名なタイプライターのブランドとしても知られているオリベッティだが、日本に進出したのは分林が入社するわずか5年前。だから分林は日本に進出したばかりの外資系企業に新卒で入社したことになる。

世界で約7万人の社員が働き、当時の有力商品はすでにタイプライターではなくコンピューターであり、欧州を代表するグローバル企業の1社であった。日本オリベッティはその後、変遷を経て、現在はＮＴＴデータの関連会社となっている。

分林が日本オリベッティに入社した動機はそれだけではなかった。これからコンピューターの時代が来るという予感があったからだ。

1965年、入社1年前の大学4年生のとき、会社訪問をして面接を受けた。やはり世界に7万人も社員が働く企業には、それなりの規模になるだけの企業のノウハウがどこかにあるだろうと思っていた。入社すれば、そのノウハウを吸収できるのではないかと漠然と考えていた。この魅力は、学生の身にとっては何ものにも代えがたいものに映った。

分林は社会科が得意科目で、高校でもできる方だった。社会科ならば特別に勉強をしなくても教科書に書いてあるぐらいのことは簡単に覚えられた。一方で数学は苦手で、数字を見るのも嫌いだった。白紙で答案を出したこともあるぐらいだから徹底したものである。嫌いな科目になると全く勉強をしなくなるから悪循環で、さすがにこのままではまずいだろうという思いが頭の片隅にはあった。いよいよ社会人になるときになり、これはやはり数字を学ぶことは絶対に必要だとの思いが強くなった。コンピューターをやれば苦手な数字を嫌でも扱うことになるから、自分のためになるだろうと考えるようになった。

営業の勘どころ

分林は学生時代に百貨店でベッド販売のアルバイトをしたことがあった。

当時、ベッド販売会社の社員の人よりもたくさんベッドを売っていた。販売センス、営業センスがある、という言い方があるが、学生時代からそういうものがあったのだろう。これは、それまでの生活環境の中で自然と身についたものなのではないかと思う。

大学時代には毎年、そのベッド販売会社から「在学中は必ずうちにアルバイトしに来てくれ」と言われていた。だからものを販売することに関しては、日本オリベッティに入社した当初から、自信があった。

営業・販売が得意だった理由の一つは、仕事を始める当初から、その会社が扱っている商品名を全て覚えてしまうことにある。扱う商品に精通するのは営業としては当たり前のことだが、アルバイトの身分でそれをやっていた。その上、セールストークもしっかり覚えたので、顧客への売り時＝タイミングを外さずに商品を売ることが出来たのだ。

そんなわけで、数字やコンピューターの世界は苦手だったが、社会人になってからも売ることに関しては自信があった。

高校時代は山岳部で部長、大学でも能楽部で部員が55人いる中で部長をしていたから人のマネジメント能力にも自信があった。だから会社では仕事に集中してバリバリ活躍できる気がしていた。

オーナー企業ではない外資系で、得意でない数字を勉強でき、時代の先をゆくコンピューターの分野で営業力も磨ける、という、正にいいこと尽くしでオリベッティに入ることを選択した。ただこれは、あくまでとりあえずの選択であって、5、6年したら独立しようという思いに変わりはなかった。

猛者が集まる社風

日本オリベッティの1966年入社組の同期は約230人もいた。もちろん全員が日本人だ。分林は日本オリベッティでは5期生に当たり、今でもよく覚えているという社員番号は「1100番」だった。

当時、日本は高度成長の上り坂をまっしぐらに突き進んでいる時期で、同社の歴史の中でも最も多くの社員採用が行われた時期だった。

日本では、外資系を中心とするいくつかの大手コンピューター会社が新卒者の大量採用を始めた時期だ。日本オリベッティは設立されてまだ5年目だったので、当時の社員数は全部合わせてもまだ1100人ぐらいの規模だった。

日本オリベッティは多い年には400人ぐらい採用したときもあった。当時、週刊誌がよく掲載していた企業の学生採用人数ランキングでは、必ず上位20位以内には入っていた。

同社の募集には当時、5000人ぐらい応募が集まった。外資系企業の中では米国のIBMなどと並んで人気がある企業だった。

分林が受けた入社試験は1次から3次までの3回で、その内容は全て面接試験だった。この面接試験は、面接というよりはディベート（討論）を行うといった形だった。ディベートは集団で行う形式だったので、面接会場に来ているほかの人たちのディベートぶりも見ることができ、非常にユニークな学生が集まってくる会社だなと感じた。今でいうダイバーシティ、多様な才能の集まる会社であった。

たとえば、学生運動の猛者で委員長をしていた人とか、柔道部のキャプテン、剣道部のキャプテンという人もいた。入社してからの上司にも、神戸大学で経営学部の自治会委員長をしていた人がいた。

その上司はその後、会社を移り、最後は大手精密機械メーカー系で上場会社である販売会社の役員にまでなった。

40歳代で外資系から日本の会社に移って役員になった人は、当時はまだ非常に珍しかった。彼は神戸大へ行き、大学時代の就職活動では大手繊維メーカーと米国系のコンピューター会社と日本オリベッティの3社に受かったということだった。自治会委員長をしていた頃はとても面白かった、という思い出を語ったこともあった。

後輩だった同志社大学の自治会の委員長だった人もやはり、途中で大手の複写機メーカーに移った。彼はその後、同社の子会社の社長などを歴任した。

学生運動をやっていた人たちが会社に入ると、何年か後には必ず経営陣側の人間となっていくというのも面白い傾向だった。元来リーダーシップがあるからだろう。

同じく彼の後輩で、同じ複写機メーカーの千葉や愛知、広島などの子会社で社長になった者がいる。その人物は日本M&Aセンターの現在の社長である三宅卓とオリベッティ時代には同期だった。

また、日本オリベッティで分林の1年上に非常によくできる先輩がいた。最後はオリベッティで営業本部長にまでなった。

この人も、立命館大学在学中に経営学部の自治会委員長をしていた。しかも彼の兄がまた有名な人で、60年安保闘争（１９６０年）のときに九州大学の学連の委員長で、全学連の書記長として名を馳せた人だった。

このように日本オリベッティではユニークで、しかも仕事ができる面白い人が活躍していた。とにかくこの会社にはそういうユニークな人材が集まっていた。

野村、ＴＫＣとの提携

前述の大手精密機械メーカー系の販売会社には当時、日本オリベッティから約70人が一斉に移った時期があった。だから当時、この精密機械メーカー本体にもかなり日本オリベッティ出身の人がいた。このほか大手の複写機メーカーや、全国の公認会計士・税理士事務所を組織していたＴＫＣにも、日本オリベッティから多くの人が移った。

中でもＴＫＣには一時期、代表取締役副社長から専務、常務、総務担当の取締役など、多くの役員が日本オリベッティ出身者で占められていたことがあった。

最初に日本オリベッティがコンピューター会計を始めたときに組んだ日本の会社は、野村計算センターだった。野村計算センターは野村総研の前身だ。日本オリベッティが野村と組んだのは、当時、日本でも最大級のコンピューター・センターを東京と大阪の2拠点で持っていたのが野村證券だったからだ。

そして日本オリベッティが野村計算センターと組んだのは、自社のコンピューターの端末を全国に販売するのが狙いだった。

１９７１年、入社して5年目となり分林は29歳になっていた。その年、会計事務所課の課長を任命された。税理士や公認会計士を相手に事業を開拓するセクションの責任者だ。

ちょうどその前からＴＫＣ（栃木県計算センター）がコンピューター・センターの営業を始めたために、日本オリベッティが会計事務所向けに端末機を販売していくには、このＴＫＣと競争せざるを得なくなった。野村という当時、日本最大の計算センターを所有していたグループをバックにつけていたとはいえ、国内の会計事務所に対して圧倒的な影響力を持っているカリスマ的な創業者・飯塚毅氏をトップに戴くＴＫＣを敵に回すのは決して得策ではないのは火を見るより明らかだった。

ＴＫＣと協調態勢が取れないか、ということになり、まず話し合う場を持とうということになった。当時、日本オリベッティに在籍していて後にＴＫＣ常務にまでなる鎌本勝博氏と、当時、日本オリベッティ営業部長だった堀義和氏が協議し、堀氏がＴＫＣに赴くことになった。堀氏も後に日本クレイ社長、その後、日本コダック社長・

会長になった人。

このときの折衝でＴＫＣ側の代表だったのは、飯塚毅氏の長男、飯塚真玄氏だった。

折衝の結果、ＴＫＣの営業を全面的に日本オリベッティが引き受けることになり、その代わり端末は全てオリベッティ製品にするということが１９７１年（昭和46年）に決まった。

１９７０年代初め、全世界80カ国に事業展開していたオリベッティの中で、ドイツオリベッティは同国で約1万人を抱える世界最大の会計事務所の団体を支援していた。

そのため飯塚氏をドイツに招き、現地の様子を見てもらうことなども行った。そうやってＴＫＣとのパイプを太くしていった。

日本オリベッティとＴＫＣが手を組み、本格的にコンピューター端末の普及を図ることになったので、ＴＫＣにはオリベッティから約１５０人もの専任の営業社員を出すことになった。こうやって全国の会計事務所にコンピューター端末の普及を図りながら、ＴＫＣの勢力は全国的なものになっていった。

ＴＫＣ専任の営業１５０人のうち、約70人が日本オリベッティからその後ＴＫＣに移籍した。その結果、ＴＫＣの役員や幹部、計算センター長などにはオリベッティ出身者が一斉に就くことになった。このように、ＴＫＣの今日の隆盛の基礎を作ったのは日本オリベッティ出身者の貢献も大きい。

一方、日本オリベッティは、野村計算センターと提携したことで日本の金融機関の一角にも食い込むことができた。

当時、日本には都市銀行が13行あった（第一勧業銀行、富士銀行、住友銀行、三菱銀行、三和銀行、三井銀行、太陽神戸銀行、東海銀行、協和銀行、埼玉銀行、大和銀行、北海道拓殖銀行、東京銀行）。大手の富士銀行をはじめとする都市銀行の窓口機は米国のバロース（後のユニシス）がほとんどを押さえていた。地方銀行などではやはり米国のＮＣＲが強かった。そのためオリベッティは野村グループと一緒に全国の農協（農業協同組合）に食い込むことにした。

一時、オリベッティのコンピューター製品は、全国農業協同組合連合会（全農）傘下の全国農協の信用業務窓口（現在のＪＡバンク）の約７割のシェアを取るまで広まった。全国の農協の仕事場を通して、オリベッティのコンピューター製品が日本中に普及したかっこうだ。その窓口の数たるや、都銀13行の全支店を合わせた数よりも遙かに多かったから、この提携戦略は大成功だった。

当時、日本でのテレビCMでは、オリベッティと言えばタイプライターの宣伝をしていたが、実際にはタイプライターの売上げは5%にも満たず、売上構成比ではコンピューター関連の方が圧倒的に大きかった。

関西での活躍

日本オリベッティに入社してからというもの、主に中小企業向けのコンピューター製品を売っていた。当時、コンピューター製品の主力はオフィス向けの汎用システムで、オフコンと呼ばれていた時代だ。

だが分林はハードにあまり興味はなかった。それよりもむしろソフト、というより「経営システム」そのものを売りたい、という気持ちが強かった。実はそれが、日本M&Aセンターの仕事の原点にもなっている。

日本オリベッティに入社したばかりの頃、よく会社の図書館に通った。コンピューターのことは素人だったから、自ら進んで勉強をするためだったが、図書館通いをしているうちに、自分はこのまま普通のセールスマンでは終わりたくない、との思いが強くなっていった。そして将来は本を書けるような人物になって、分林のアイデア、経営システムのようなものを世の中に広めたいという考えがどんどん強くなっていった。そういう夢を持ち続けながら仕事に打ち込んだ。

入社2年目になると、生地の京都支店へ転勤となった。

京都では先述した神戸大学で学生運動の委員長をしていた人が上司になった。その人は頭が切れ、よく仕事ができる人だった。それから2年ぐらい後にご本人は本社へ転勤した。それまでの間は、この上司の下でとても鍛えられた。

「セールスが目標額の２００％を達成したら、給料を2万円上げるように支社長に掛け合ってあげるよ」。

入社3年目のあるとき、この上司からこう言われた。当時、支社長は外国人だった。本当にその約束を支社長から取り付けてくれた。

目標額が実現でき、月給が2万円もプラスされた。当時の給料は月3万5千円ぐらいだったので、これはたいへんな金額だ。

ところがその上司が関西を去ってからというもの、思うようなセールスができなくなり、成績ががくんと下がってしまった。そんな状態が約半年間続いた。

あるときイタリア人の支社長から呼び出された。待ち受けていたのは辛辣な叱責の言葉だ。

「あなたは去年は200％の成績だったのに、今年は全くダメですね。200％を実現できたのは、これはあなたの実力ではなく、上司のおかげだったんじゃないですか」。

この言葉にプライドが大きく傷つけられた。もう寝ても覚めてもその言葉が頭から離れない状態だった。

何とか見返してやりたいと考えたが、それにはとにかく200％を達成したのは自分の実力であることを証明しなくてはならない。そのためには徹底的に仕事をするしかない。

それからというもの、とにかく半年間はがむしゃらに仕事をした。夜12時前に事務所を出たことはないほどだった。

朝9時にはセールスのために事務所を飛び出して、夜6時頃に帰社するまでとにかくセールス先の会社を回った。帰社してからは夜12時前までずっと提案書の作成をこなした。それを約半年間続けたら、その年度末には再び２００％のセールスを達成することができた。

このときの体験は今でも大きな糧になったと感じている。

やはりビジネスの世界にいる人は、一度は肉体的・精神的な限界にまで挑戦してみることが大事。そういう体験を通じて、ビジネスマンとして大きく成長することができるし、また人間的にも強くなれると思うからだ。

こうした経験をしている人としていない人では、仕事上の実力には非常に大きな差ができると考えている。

現場の生の会計を把握する

この頃から、どちらかというと、自分から無作為に営業を仕掛けるよりも、業界別にセミナーを開いたりして、興味を持ってくれた顧客にアプローチをする営業の方法を採るようになった。

たとえば、京都の室町では、「在庫管理に関するノウハウを伝授」と銘打ってセミナーを開いた。

京都・室町は和装呉服の卸売会社の集積地だった。ここでなら、こうしたセミナーを開けば、興味を持ってくれる経営者がたくさんいるはずだと考えた。在庫管理システムは当時のコンピューターが最も得意とするところでもあった。

セミナーでは、ある繊維問屋の社長から、「できるだけ売上げを大きくし、できるだけ値切られずに粗利を取り、可能な限り少ない在庫にし、速く回転させれば、それだけで会社は儲かるよ」と、逆に教えられた。

なるほどその通りだと思った。

ならば今度は、「粗利管理」をテーマにセミナーを開いたらどうか。そう思いついて、上司の支社長と掛け合った。

粗利管理をどうすべきか。繊維問屋会社の社長から教えられたことが非常に参考になった。

通常、会社の経理は仕入れた価格をその製品の原価としている。至極当然のことだが、実はこれは駄目なやり方だと、さる社長は言った。

たとえば、いま1万円で仕入れた商品を1万３千円で売ると、粗利は３千円で粗利率は23％となる。しかしそれが見切品で実際に売れる価格が７０００円にしかならなかったら粗利率はマイナス30％になってしまう。営業マンは、自分の成績が粗利で管理されるようになったら、デッドストックの商品を売る努力はしなくなる。なぜなら下手に売って赤字になったらたいへんだと考えるからだ。そこで、デッドストックの商品は1万円で仕入れたものでも原価は５０００円と予め下げておいたらどうか。営業マンが７０００円で売れば２０００円の粗利になるし、デッドストックはすぐなくなるだろう。あらっぽく言えばこれが「設定原価」という考え方だ。ただし設定原価を実際の仕入れ価格より下げてばかりいたら本当に赤字になってしまう。

そこで、1万円で仕入れた商品の設定原価を予め1万５００円と数パーセント上乗せしておく。すると、その商品が1万３０００円で売れたとき、営業粗利は２５００円だが、５００円はプラス粗利になるので、その差額の数字をトータルで仕入れ部長が押さえていれば、経理と最終的に数字を合わせることができる。今度はその範囲内で、営業は仕入部長の許可で設定原価を自由に変えればいい。

これは面白い考え方だと思った。こうしたちょっとした数字の操作で、営業マンの士気にまで影響を与えることができる。こういう発想等も後々の経営発想の原点になった。

京都・西陣織に「出機管理システム」を考案

机上の会計学とは違った、生の現場の会計をおさえていくこの仕事の面白さを、このほかにもいろいろと京都支店時代に経験した。

たとえば西陣織では、「出機《でばた》」といって、反物などの織物を下請けに出すことがよくある。縦糸・横糸、金糸、銀糸など、様々な糸を提供して下請けに織ってもらうことだが、その際に、どこかで糸を抜かれていることが結構あると言われる。どうしてそんなことが横行するか。それはやはり、絹糸は高価な材料だからだ。

ある西陣織の社長からそのことで相談を受けたことがあった。そこで出機に出すときは、1件1件、目方を量るようにして、それを管理できるシステムを部下と一緒に提案した。完成したものに「出機管理システム」と名付けた。入社5、6年目、30歳の課長時代だ。

織物商品は、品質がよいものならば当然、売り先からも値切られずに粗利が高く取れる。そこで出機ごとに粗利の管理もしてみることにした。そうすれば出機ごとに一覧表を作って平均値がわかるようになるし、どの出機にどれぐらい儲けさせてもらったかもわかる。平均値がわかれば、出機に対して「この商品は非常に品質が低くて、売り先にも値切られているのでもっと品質をよくして下さい」と伝えたり、「あなたのところは糸の歩留まりが悪いので歩留まりを上げて下さい」とお願いすることもできる。もちろん歩留まりまで管理しているから、よもや糸を抜くことなどはとてもできなくなる。

同じコンピューターのハードを売るのでも、このように顧客の個別の経営の課題に入り込んで、それを経営システムとして構築し、そのシステムごと売るという考え方を持って営業を行うのと、そうでないのとでは、売り方が根本から違ってくる。

このように、経営システムを考えて製品を売ることに、仕事のやり甲斐を感じていた。

この仕事は、顧客のプラスに本当につながるし、原理原則をおし進めるだけで商売ができることに仕事の醍醐味を感じていた。

会社をフローチャートで見る

分林がシステムをつくるときには、その会社の仕事のフローチャートを必ず書いた。

会社に注文の電話がかかってきて、その仕事を受注した場合は受注伝票がまずつくられる。製品が納品されたら納品した製品の納品書が出される。そういった伝票類が一度の受注で何枚も発生する。その伝票がどこから発生してどこへ行き、売掛台帳にどう付くか、そんなことから始めて、会社の中でのお金の流れを全部、フローチャートで表した。

会社の社長でも、自分の会社の全ての仕事の流れを完全に把握することは物理的に無理である。必要なときにその都度、経理部長に聞いたり、製造部長に聞いたりしている。だから分林もそうしながらやっと１枚のフローチャートを完成することができた。

こうしてひとたびその会社のフローチャートをつくってしまえば、その会社の仕事の流れの全てを把握することができるようになる。そうなれば「貴社の場合、この部分に力点を置いたシステムにすれば、非常に経営効率化に資するいいものがつくれます」といった提案をすることができる。

今でも覚えているのは、日本企業全体にコンピューターが普及し始めたころ、Ｔ商事という会社へのコンピューター導入をめぐって、大手のＦ社と競合したときのことだ。

何とかＴ商事の部長に頼んで、会社にある全部の伝票を１週間かけて数えたことがあった。一日の売上げ伝票が何枚あるか、その仕入れ伝票は何枚あるか。そうやってＴ社の事務量を全部、計算した。

まず、１週間もずっとその会社に顔を出しているので、Ｔ商事の社員たちとは非常に親しくなれた。フローチャートで会社の流れがわかり、しかも、日ごとにデータを取っていたので、こう工夫をしたら数字がよくなります、と経営改革の提案を行うこともできた。また、何の伝票がどの部署で何枚発生しているかを把握しているので、数枚しか発生しない例外的な伝票については「あくまで例外処理で対応したらどうか」と根拠を持って提案できるようになった。こうなると低価格受注やハードの種類での競争には陥らなくなる。なおかつ、顧客が確実に儲けられるシステムをつくることができる。こうやって大手のライバルを制して、仕事を受注することにつながった。

このように取引してくれた顧客先が結果的に儲かる、という仕事をオリベッティ時代に何度も経験した。だから「おたくの機械を入れたら、3カ月で利益が出るようになった。機械代が浮いたよ」というトップの生の声を聞く喜びを経験することにもつながった。

成績目標200%を達成 ――「発想」が大事 ――

日本オリベッティでの経験を経て、大事なのは「発想」だということを痛感した。日本オリベッティで会計事務所担当の営業課長をしばらく続けていたが、30歳を過ぎてから、そろそろ独立しようと考えるようになった。

日本オリベッティでは比較的、自由な空気の中で思う存分仕事をすることができたと今でも考えている。

その自由な環境があったから、日本オリベッティはＴＫＣとの間に特別な関係をつくることができたのだ。ＴＫＣは全国の公認会計士・税理士をＴＫＣの会員にしていく営業活動を、日本オリベッティに委託することになった。その見返りとして、日本オリベッティのコンピューターを会員の会計事務所に導入していった。この結果、約5年間で全国数千の会計事務所がＴＫＣの会員となった。

日本オリベッティで率いたＴＫＣ会員獲得の部隊の中には、現在の日本Ｍ＆Ａセンター社長である三宅卓もいた。三宅は当時はまだ日本オリベッティに入りたての新入社員だった。

今では信じられない話だが、三宅は人前で話をすることが不得手だった。吃音症だったからだ。学生時代に写真に凝って、大学を2年留年していた。凝り性と言える性

オリベッティの本社（イタリア・イブレア）にて

分だ。凝り性の人は、仕事をすると非常にできる。一つのことにたいへんな集中力を発揮することができるからだ。

三宅は自分自身、人前で話すのが不得手なことをわかっていたので、日本オリベッティではソフト開発志望で入社した。最初は希望通りソフト開発の部署に就けた。ところが2年目からは営業に出ることになった。

当時、分林は新人5人を部下に持っていた。その中の一人に三宅が加わっていた。三宅は話だけではうまくセールスができないと考えたので、多くの提案書を自分でつくっては、毎日、営業先の会計事務所に赴いていった。

このずっしりと重い提案書をベースにして、毎晩、どこかの会計事務所で、「コンピューター会計にすればこんな便利なことが可能です」と実例を見せながら、その事務所の職員研修を兼ねてセールスを行っていた。そうこうしているうちに全ての新人の中で彼がトップの成績になっていた。

ＴＫＣの会員獲得の営業を行っていた頃、課長として成績が目標の２００％を達成できた。

そのご褒美として、会社からヨーロッパへの３週間旅行をプレゼントされた。このときドイツ、イギリス、イタリア、スイス、ギリシアの５カ国を回った。

そんないい思い出が多かったオリベッティでの営業課長時代だったが、１９８０年、37歳のとき、名古屋の支店長の話が舞い込んだ。

実はそのころ、分林は日本オリベッティでの会社員生活と同時に独立のための準備を始めていたのだ。

結婚と家の購入

話が少し前に戻るが、1971年、分林は27歳のときに結婚した。滋賀の石山寺の近くにできた公団による賃貸の集合住宅に住んだ。その後、29歳で京都府長岡京市の阪急・長岡天神駅に近い建売住宅を買った。

実は26歳ぐらいまでには会社を辞めて南米に行こうと漠然と考えていたのは前に触れた。日本から見れば、地球の裏側にある南米は新天地。その新天地でビジネスを手がけたいという夢があったのだ。

だからそれまでは結婚する気は全くなかった。

実際に南米へ行く準備は着々と進めていた。そのためにスペイン語の勉強まで始めていた。先述の三菱商事の宮下氏を頼って、とりあえずペルーにでも行ってみようと考えていた。ところが27歳のとき突然、結婚する気になった。

日本オリベッティでは次のリーダー候補を養成する目的で、課長候補社員を集めた合宿研修を神奈川県の箱根にあった研修センターで行っていた。課長になる少し前、この研修に京都から参加した。２週間の研修期間だったが、土日には暇があったので箱根から都心方面に出かけることができた。たまたま千葉県の津田沼に姉が住んでいたので、姉の家に2日間、遊びに行くことにした。

姉の家へ行くと、姉が隣の家の息子に勧めているというお見合い相手の写真が置いてあった。姉は「この人、隣の息子さんに紹介しているんだ」と言う。その写真を分林は見て、胸がさわぐのが押さえられなかった。

「あ、この人と結婚しよう」。そう分林は心に決めた。写真を見て一目惚れしたのだ。１９７１年6月中旬のことだった。

それまでは1度も会ったことがないのに結婚しようと心に決めたのだが、全くの本気だった。だから7月にはもう建売の抽選に申し込みまでしていた。

これには京都市の営業所から5人が同時に申し込んでいたが、8月になって分林だけ当選した。こういう抽選ではなぜかいつも運がいい。新築の家屋で京都まで車で30分ぐらいのところにあり、環境は非常によかった。

心に決めた写真の人は京都の人で、ようやくその年の9月15日に初めて会うことに

南九州への新婚旅行の様子（写真は宮崎にて）

なった。同じ京都同士なので、会ったその日には車で琵琶湖を一周して、分林は勝手に結婚することに決めてしまった。

相手の誕生日が9月28日だったので、花屋さんに頼んでバラの花をありったけ集めてもらい、プレゼントした。たぶん100本近くはあったろう。3回目のデートでプロポーズ、1カ月後の10月には結納を交わした。

それから長岡京の建売購入の1年半後、今度は初めて京都市内にできた「洛西ニュータウン」の分譲住宅に申し込んだら、当選枠の中に入った。これは京都の住宅供給公社が分譲したものだった。

このときの申込みの顛末がまた奮ってい た。分林がある日、近くを車で通ると、人が何人か並んでいた。何だろうと思って、車を降りて並んでいる人に聞いてみた。分譲住宅の見学会をやっているという。では自分も試しに並んでみようと思って並んだら、何と競争率が約20倍ぐらいだったのに当選してしまったのだ。

自ら道を切り開く人には必ずや強運が味方をするし、強運を味方につけた人には、何につけてもツキが巡ってくる、というのは不思議だがよく聞く話だ。それにしてもこの抽選の運だけは説明がつかない。

喫茶店経営

新婚時代には京都・洛西ニュータウンの分譲住宅にしばらくの間住んだ。何年か経つと、今度はもう少し広い角地の土地の分譲があると聞いたので、それにも取りあえず申し込んでみようと考え、申し込んだ。そうしたらこれもまた40倍というたいへんな競争率だったのに当選してしまった。１９７０年代の後半のことである。

そのころになるとそろそろ会社を辞めて独立したいという気持ちが強くなっていた。せっかく当たった土地は角地だから、何かのお店にしたらどうかと考えるようになった。かといって、特別な商材についての知識や販路を持っているわけではなかった。すぐに思いついたのが喫茶店の経営だった。

そこでその土地に2階建て住宅を建てて、1階の半分を使って25席ぐらいの喫茶店をつくることにした。残り半分はリビングとして使うことにした。それぐらいの広さがある土地だった。

約6000万円かかる諸費用は、一件目の分譲住宅の売却代金と住宅ローンでまかなうことにした。ところが分林一人だけでは信用が足りないということになった。能楽師だった兄に頼んで何とか銀行から融資を引き出すことができた。

お店をオープンするためにいろいろと準備をした。店名は「アンデルセン」とした。

店のオープンの前には、神主にお祓いをしてもらうことが必要だと考えた。長岡天満宮には中小路宗隆という宮司がいて、大学の部活動（立命館大学の能楽部）の大先輩だった。それでお祓いを頼んだら快く引き受けてくれた。中小路氏は立命館大学能

京都市内に開店した喫茶店「アンデルセン」

楽部のＯＢ会の会長もやっていた。

この長岡天満宮は、最初の建立から現在まで１１００年も続いているたいへん古い天満宮だった。中小路氏は44代目に当たる。

能の世界では、たとえば最も有名な観世流でも現在の宗家の家元は26世なので、それと比べてもいかに古い歴史があるかがわかる。天満宮は平安京の時代からあるのだからそれも当然だ。中小路氏は能が好きで、大学の能楽部に所属していたおかげで、分林はこの縁を持つ幸運に恵まれた。

１９８０年、37歳のときだった。

お店のオープンの日、開店時刻を午前

10時にしていたので、9時にはお祓いを行いたいと思って宮司を迎えに行き、家に戻ってきた。ところが家に戻ってくると、何ともう、お店の入り口ではたくさんのお客さんが長い列を作ってお店が開店するのを待っていたのだ。これには驚かされた。

長蛇の列ができるのには実は理由があった。

この近くで「洛西ニュータウン」づくりが進められていたからだ。洛西ニュータウンは当時、進められていた4万人規模の住宅都市で、京都市が開発にたいへんな力を入れていた。タウンの中には百貨店までつくる計画だった。それぐらい大規模な開発計画だったのに、当時はまだ、周辺には飲食店などもほとんどない状況だった。それで建設作業などの関係者が数少ないお店をめがけてどっと集まっていたのだ。

実は、この日は土曜日だったが、分林は日本オリベッティでの仕事の予定があった。店のオープン日ぐらいは仕事を休んでもよかったのだが、部下の三宅が奈良で大事な仕事があり、是非、同行して欲しいと頼まれていたのだ。この仕事はそっちのけにはできないので、その日は、宮司のお迎えだけをして、店をあとにしてそのまま仕事に出かけた。

仕事を終えて家に帰って来ると、さすがにお客はもういなくなっているだろうと思っていたら、何と店内はまだ満席の上に、ひっくり返るような忙しい状況だったので、再び腰を抜かす思いだった。

また、会社の人事部長にも、この店は妻とアルバイトがやるので、わたしは一切、仕事に手を抜かないと報告し、それから5年間ずっと、それまで以上に仕事で好業績を残した。

それからというもの、お店は連日、満席の状態が続いた。

夜は7時が定時の閉店時間だったが、午後の3時頃になっても休憩に来る人などでお店は休む暇もない状況なので、忙しいときは夜の6時頃には閉店させてもらっていたほどだ。

朝の9時にお店を開けるのと同時に、お客さんは連日、ドッとなだれ込んでくる状況だった。だからどの席も全て相席だった。

連日こんな状態なので、妻だけにお店を任せていたのでは全く人手が足りなかった。アルバイトやパートを何人も雇うことにした。多いときには全部で8人も雇ったこともあった。日銭がどんどん入ってくるから、これだけ人を雇っても店はたいへんな利益が出た。分林はもともより喫茶店は副業だったし、もうお金はいらない、と思うほど稼ぎが出た。

オープンしてから結局、この喫茶店を5年間続けたが、その当時の金額にして、数千万円が手元に残った。

「未来会計」

喫茶店の経営は順調だったが、喫茶店経営は本来、やりたい仕事ではなかった。日本オリベッティでの仕事を続けていく中で、これだと思い始めていたのは、中小企業の経営システム改革を提案して中小企業の経営に資するような、そういうコンサルティング機能をもった仕事だ。

日本オリベッティでの仕事を通じて、各地の多くの税理士・公認会計士との関係ができた。とりわけTKC全国会に加盟している会員の中には、非常に頭が切れる優秀な税理士がいた。分林はよく彼らの発想に感心させられることがあった。この人たちと一緒にずっと仕事をしていきたい、という思いがだんだん募るようになっていった。

その中には、面白いビジネスの種になりうるようなものがいくつもあり、転機につながるようなビジネスの種となる話を聞くこともあった。

ある税理士は、単なる過去の会計実績をコンピューター・システムにするだけでは面白くない、という考えを持っていた。その人が考えていたのは「未来会計」というものだった。

また、東京都内に非常に俊敏な頭脳の持ち主でTKC会員のS氏という税理士がいた。S氏はほかの2人の税理士と共同で会計事務所を運営していた。その事務所には文字通り、三角形の机が置いてあった。この3人の代表者の税理士が、経営計画のシミュレーション・システムをつくった。これは正に未来会計の発想を具体化したようなシステムだった。

このS氏はたいへんな凝り性で、自分の家まで売って、コンピューター・システム作りに当時の金額で1億円以上もかけていた。それを自分で使っていた。

新しくできたシステムは非常に面白いということになり、これを日本オリベッティで売り出そう、ということになった。

名前を「経営計画シミュレーション・システム（ＭＡＳＴ＝マスト）」とつけた。日本オリベッティのブランドのシステムとして、最初はハードとソフトを合わせて１３５０万円で売り出した。

有効な活用例を見せる工夫

ＭＡＳＴシステムは非常に優れた製品ではあったが、別の面で問題があった。そのことでたいへん苦労をすることになった。

というのも、このシステムはその内容が非常に高度なものだったので、購入した会計事務所はなかなかそのシステムを使いこなすことができなかったからだ。

せっかく高額の資金を投じて導入したシステムなのに、ユーザー側が使いこなせていなければ、売れば売るほど、少しずつ、悪評が漏れ聞かれるようになっていくのは当然の流れだった。こうなってくるとこのシステムはだんだんと売れなくなっていく。それに従って自分はこのシステムを売ったことに対して責任を感じるようになっていった。

そうこうしているうちに、栃木県足利市にA会計という、1200社ぐらいの会社の監査を行っていた有名な会計事務所が、このシステムの非常にうまい使い方をしているということが聞かれるようになった。

1978年2月2日、大阪のMASTのユーザーが、「この会計事務所ではいったいMASTがどういう使われ方をしているのかを実際に見てみたい」ということになり、見学会を企画することにした。既存のユーザーに販売したシステムを最大限に活用してもらうためには、これは絶対に必要なことだと考えた。結局、この見学会は大阪のユーザーである税理士・公認会計士が総勢15人参加することになった。

その一方で、新規ユーザーの開拓もしなくてはいけなかった。売れ行きがだんだんと落ちていたので、このまま行けばジリ貧になってしまう。是非ともここで巻き返しが必要だった。

そこで、その見学会が予定されていた翌日の2月3日には、新規のユーザー候補のお客さんを連れて、この会計事務所で活用されているシステムを実際に見てもらうことにした。

こうして分林は足利の会計事務所での見学を2日間、連続して行うことになった。そこで部下の営業社員を2班に分けて、この見学会をより実りのあるものにしようと考えた。初日はシステムを既に導入したユーザーを案内する班、2日目はこれからユーザーになってくれる顧客を案内する班とした。そうやって2日間の足利での見学会ではセミナーを併せて行う形にした。

この取り組みは非常にうまくいった。参加者からはたいへん好評となり、それから2年間、この会計事務所に全国からユーザーや顧客候補者を呼んでは見学会とセミナーを開催した。

MASTのシステムはこういう使い方をすれば経営に資することができるということを実際に見せ、高額の投資に見合うシステムであることをようやく証明することができた。その結果、瞬く間にMASTの人気に火が付き、このシステムは一気に全国の会計事務所に普及していくことになった。全国の会計事務所を中心に、結局、合計で1000万円のシステムを約800台売ることができた。

このときA会計事務所という存在がなければ、MASTはこれほど普及しなかったかもしれない。今でも、A会計事務所創業者所長に対して、分林は感謝の気持ちを忘れていない。

日本事業承継コンサルタント協会

名古屋の支店長等の話を断り、大阪で平日はオリベッティの会計事務所マネージャー、土日は喫茶店経営という二足のわらじを履き続けていたが、結局、１９８５年、42歳になって日本オリベッティを退社した。

１９８５年９月には先進５カ国蔵相による円高・ドル安誘導への容認、いわゆる「プラザ合意」があり、ここから急激に円が切り上げられて円高が進行、日本はバブル経済に突入することになる。

ＭＡＳＴシステムを開発した税理士は非常に頭が切れる人たちだった。中小企業の事業承継問題に非常に熱心で、特に相続税などの重い税金支払いをどうするかということに取り組んでいた。バブル経済が始まり、日本の土地価格が上昇していく中で今後、その負担がますます重くなるだろうと懸念をし始めていた。だから真っ先にこの問題を解決すべきだと分林は考えていた。

中小企業のオーナーに対して、「あなたは今60歳だが、平均寿命が80歳になると、亡くなったときにこれだけの税金がかかります」といったことをＭＡＳＴのシステムでシミュレーションさせた。

こうした提案は、日本中の全てのオーナー型経営の中小企業にとって非常に有意義なものになった。これを全国的な運動によって広めていくべきではないか、と思い立った。ついに、その会計事務所の先生たちを中心として「日本事業承継コンサルタント協会」という団体を立ち上げることになった。

協会の名前は自分で考案した。分林は常務理事に就き、名誉会長には旧大蔵省で主税局長を経験した塩崎潤氏にお願いして就いてもらった。このトップ就任は、分林が知己のある人の伝を頼って、その人の紹介によって実現できたものだ。理事長には地方で国税局長を務めた人に就任してもらった。

最終的に日本事業承継コンサルタント協会には、全国の税理士・公認会計士約５００人が参加した。

協会は任意団体だったが、協会に入るにはまず、システムを導入する必要があった。会計事務所にとっては、顧客の中小企業に対して将来シミュレーションを行うことは必要な仕事になってきていた。協会に入るためにシステムの販売が伸びるという循環も始まった。こうした仕組みづくり、組織づくりは、日本M&Aセンターの事業を拡大していくときの一つのひな形となるものだった。

また協会が主催して、東京と大阪で毎月、会員向けに事業承継に関するセミナーを開いた。会員となった会計事務所の人たちは皆、勉強熱心だったので、このセミナーは毎回、たいへん有意義な会合となった。

日本M&Aセンター営業開始

事業承継コンサルタント協会では主として、中小企業の相続税問題をどう解決するかが主要テーマであった。しかしもう一つのテーマとして全国の会計事務所の方々から、「後継者がいない」中小企業が増えている話がよく聞かれるようになっている。その解決策として日本M&Aセンターが誕生した。

1991年4月に会社設立、7月に会社設立パーティ、9月から営業を開始することになった。

しかし当時、分林を始め、社員にM&Aの実務経験があるものは一人もいない。いまでは日本M&Aセンターで常務に就いている立教大学出身の大山敬義もそのときに新卒で入ってきた。

よって日本M&Aセンターは6人でスタートした。入社したばかりの大山も、まさかその会社のトップがM&Aの実務経験ゼロだとは思わなかったろう。

設立して間もなく、日本公認会計士協会が箱根でM&Aに関する研修をすることがわかった。このとき三宅と大山の2人がこの研修に出てM&Aの実務を徐々に修得することで、社員に実務経験者が少ない弱点を補っていった。

オリベッティ時代の営業マンとしての苦難を乗り越え、人間一生懸命やれば必ず道は開ける、を信じて突き進んでいった。事実、分林の後ろでは多くの株主と全国の有力な会計事務所が応援してくれていた。

第4章　経営の「仕組み」をつくる

起業の原点は「経営システム」

既述の通り、立命館大学を卒業して、外資系の日本オリベッティに就職し、社会人となったのは1966年（昭和41年）のことだった。

当時、日本オリベッティでは「経営システム」をコンピューターで提供していくことが社会的使命だという、会社としてのポリシーがあった。

以来、「社会的使命とは何か」を分林は考えるようになっていた。自分も起業し、世のために役立つ仕事、手応えを感じる仕事をしたいと考えるようになっていた。

そのうち、仕事で全国の税理士・公認会計士事務所との付き合いが始まった。

1980年代のバブルの頃になると、相続税を中心に中小企業の相続問題のコンサルティングのような仕事をするようになっていた。後継者不足に悩む中小企業の問題について、多くの税理士から相談を受けるようになっていた。

全国の税理士事務所などと一緒に「日本事業承継コンサルタント協会」という組織

をつくった。

そして中小企業の後継者問題には社会的なニーズがあり、その仕事に本格的に取り組もうと考えて、日本M&Aセンターを起業することになった。

こうして起業からこれまでの歩みをたどってみると、分林がビジネスで始終一貫して行ってきたことは、「経営のシステム」を顧客に提供する、ということだった。それは、いかに、よい会社経営の仕組みを顧客に提供できるか、ということだ。

会社を発展させていくのは、あくまでも「人」だ。その人と人を結ぶ「組織」をつくっていくことは、仕事を成功させる上で大事なポイントだ。そうした組織や仕事の「仕組み」をどうつくっていくか。その成否がビジネスの成否を左右している。

親族が後を継ぐ難しさ

日本の生産年齢人口（15歳〜64歳）は、2007年から減少傾向に転じている。現在8000数百万人いる生産年齢人口は、2055年ごろには約4600万人に減少するという見通しで、ほぼ半減する、という予測。生産年齢人口が減少するということは、消費人口が減少していくことにも通じるから、移民政策でも採って人口を増やしていくようなことでもない限り、国内市場がこれからどんどん減少していくことは避けられない。

当然、各業界とも生き残りのため再編成が進み、新しい産業秩序を形成するためのM&Aも活発になっていくことが考えられる。

分林が日本M&Aセンターを起業した、今から25年前の1991年の合計特殊出生率は1・4だった。男子が生まれる確率はそのほぼ半分だから、男子の出生率は0・7だ。10組の夫婦がいても、男子の子供は7人しか生まれない、ということになる。従って、3組には男子の子供がいない。すなわち中小企業の経営者の約3割は、後継者たる息子がいない、ということになる。しかも、残りの7割の子供だって親の仕事を継ぐとは限らない。ひいき目に考えてみても半分は跡を継がないだろう。従って後を継ぐ息子がいるのは10社中、3~4社といったところだ。となると、中小企業のおよそ3分の2は、後継者がいない問題が出てくるはずだ。約25年前に分林はそういう予測を立てた。

実態はどうか？　最近、ある信用調査会社が約40万社の中小企業を実態調査した。その結果は、驚いたことに、まさに65・9％、3社に2社が後継者がいない問題を抱えていることがわかった。年商10億円未満の会社では、約7割の会社に後継者がいない状況が生まれている。分林が予測してきたとおりの事態が出現しているのだ。

少子化が進み、その少ない子供も価値観が多様化した今、自分にふさわしい生き方、働き方をしようと考えるのがふつうの時代である。だから、厳しい経営環境となることが予測されているこれからの中小企業を、苦労して継ぐ人はどんどん少なくなるだろう。

創業者の息子なら誰でも会社を継ぐことができるといった右肩上がりの甘い時代はもうとっくに終わっている。右肩上がりの時代であっても、創業には苦労が伴った。そうした苦労をしている創業者以上に能力がない2代目、3代目が、これからの厳しい時代に会社を継ぐのはさらにたいへんなことである。だから、そういう2代目、3代目が無理をして会社を継ぐ必要はないのではないか、と分林は考えている。

ただ、それで困るのは会社の方だ。会社には従業員が働いており、従業員とその家族は生活をするための原資をそこから得ているからだ。それだけに、会社の後継者問題を解決する手段として、M&Aの手法が社会的にも意義がある、と注目されるようになった。

外部との接点を「組織化」する

日本M&Aセンターは現在、全国の約600人の税理士・公認会計士などの会計事務所を理事会員とする「日本M&A協会」という組織を運営している。

日本M&Aセンターはもともと、設立するときに全国の税理士・公認会計士からの出資によってできた会社だ。

組織づくり、そしてその仕組みづくり――これが分林の経営のベースになっている。

たとえば、企業が特売会やセミナーを開催したとしても、1回限りでは、せっかくそこに集まってくれたお客さんとはもう二度と会うことができない。

会社の存続にとって必要なものは、「継続性」である。

お客さんとなる人たち、あるいはお客さんを呼んできてくれる人たちとの関係をいかに継続させるか。そのためには、その人たちと「組織」を作ることが重要である。組織することで、その仕事に初めて継続性が生まれる。

これは日本オリベッティ時代に、コンピューター・システムの営業をしていたときに体得した知恵であり、法則である。

逆に、お客さんの方から見れば、その組織に入ることによって、組織に入っていない人よりも情報や利益を得られる、ということがなくてはその組織には入ってくれないだろう。だから組織に入ってもらった人には利益を絶えず提供するような「組織運営」をしなくてはいけない。それが、つくった組織を「生かす」ということになる。

その「仕組み」づくりを考えることが肝要だ。常に組織の意義を、組織の参加者の立場になって考えることが大事。そう考えて行動してきた。

日本Ｍ＆Ａセンターの組織運営は分林のそういう考え方で成り立っている。

このほか、会計事務所の他、司法書士や行政書士、さらにそれ以外の関係者約２０００人を情報会員として組織している。

対外的な組織づくりの要諦は、なるべく幅広いネットワークを持つ人、外との接点をたくさん持っている人と、いかに連携をとれるかにある。

そしてこの連携で特に大事なことはやはり継続性。継続させるために組織をつくり、いかにその組織を継続させるか。そうしたことを絶えず知恵を絞って考えることが大事である。

世界の動きを知ること

組織をただつくっただけでは、その組織はできただけで終わってしまう。それではまさに砂上の楼閣である。せっかくつくった組織のネットワークを、いかに有効に生かすかが大事になる。そのためには、組織とそのネットワークを絶えず、活性化させておくことが重要だ。

先述した全国の税理士・公認会計士などが参加する日本M&A協会の理事会の会員は、毎年、3月17日頃から、5~8日間をかけて、世界各地のどこかで国際会議を開くことにしている。これをもう21年間も続けている。

現在、約600人の理事会会員がいるが、その全員を招待するのだから、この会議は一大国際会議となる。これで会員同士の交流が図れるし、情報交換の場ともなり、会員にとってもこの組織は意味のあるものとなる。こういうことを企画して実現することが組織の活性化につながる。

国際会議はこれまでに、ロシア、スイス、タイ、インドネシア、トルコなど世界各国のあらゆる地域で開催してきた。2013年は米国ニューヨークで開催、約300人が参加した。2014年は約400人が参加、イタリア・ローマで開催された。

なぜ、わざわざ海外で会議を行う必要があるのか。

会議を行うだけなら場所は国内で十分である。わざわざ全国からはるばる、各地の税理士や公認会計士に集まってもらう必要性はない。

中小企業が経営の悩みを打ち明ける一番いい相談相手は、やはり税理士・公認会計士であろう。となると、中小企業を指導する立場となる税理士・公認会計士ならば、世の中の動きに当然のことながら、敏感でなくてはならない。

常に世の中の動きを知ること。特に中小企業の場合は、顧客先となる大手企業各社がグローバル化をしてどんどん海外に進出している時代である。そこで中小企業の相

1994年第1回上海国際会議（上段）と
2015年第21回シンガポール国際会議

談相手となる税理士や公認会計士も、世界の動きに鈍感であってはならない。

もし、この会議の開催場所を海外に持って行ったらどうか？ そのときどきの会場となる国の事情を知ることだけでもたいへん勉強になる。そう考えての国際会議開催なのである。

これも分林が学生時代、アメリカへ行って自分自身が確信したことを創業以来実践していることである。

現にこの国際会議は、会員にとってたいへん好評で、毎年、参加者が増えている。

第1回目の国際会議は21年前に中国・上海で行った。

１９７８年の改革開放路線以来、中国は積極的な外資導入策で成長著しい経済発展を遂げてきた。世界の生産基地として成長し、ＧＤＰ（国内総生産）は２０１０年、日本を抜いて世界2位の経済大国になった。しかし20年余前のモノづくり国家としての内情を見れば、まだ発展の初期段階であった。メイド・イン・チャイナの品質への世界的評価はまだまだというのが実情であった。

上海の金融センター街構想も打ち出されていたが、その街づくりもまだ模型で見る段階だった。それが今や、金融センター街は現実のものとなり、超高層ビル群がそびえ立っている。

中国は今や経済力をつけ、そこで生み出される製品の質も以前に比べても格段に向上してきた。製造業の製品も格段に向上して、今や日本の組み立て産業にとっては、なくてはならない存在になっている。約１００万人の労働者を抱え、日本の多くの電機メーカーも委託生産を行っている、台湾に本社を置く世界最大のＥＭＳ（電子製品の受託生産会社）の主要な生産拠点は、今では深圳など中国大陸内に移っている。

コモディティ（量産品）化した家電製品や低価格の携帯電話などの製品においては

中国は低賃金や大規模生産により、相対的に強い国際競争力を発揮。パナソニックやシャープなど日本の家電大手が苦境に立たされたのも、こうしたモノづくりの国際的な地殻変動が大きく作用しているからである。

日本のモノづくりはこういう状況下でどう生き抜いていくか。日本のモノづくりの特質はきめ細かさ、ていねいさにある。トヨタ自動車や日立製作所など大企業を支える中小企業もまた独自の技術開発を推し進め、大企業と大企業、大企業と中小企業、そして中小企業と中小企業の間での技術の擦り合わせもまた日本の得意とするところ。

こうした日本の強さ、日本らしさを追求していくことで、日本のモノづくりはグローバルな競争の中で生き抜いていくほかはない。

ともあれ、中国を含む新興国が技術的には激しく追い上げてきているという現実がある。

その中国とどう付き合っていくか――。

どの国、どの地域でも、いろいろな人がいて、いろいろな企業がある。お互い信頼し、とことん議論し、納得のいくまでモノづくりに打ち込んでいく。それができる企業とできない企業を見きわめる眼力も求められる。

企業がグローバル競争を生き抜くためにも、仕組みづくりが大切であることは言うまでもない。

２００５年にこの国際会議をトルコで開催したときは、既にトルコの国内で大型液晶テレビを生産していることを皆、現地で実際に見聞した。

当時、日本ではシャープの亀山工場が大型液晶パネルの本格生産を開始したばかりの頃。これからのテレビは液晶の時代が来る、と言われ始めた頃だ。ところがすでに労賃コストがずっと低い、中東の遙か彼方の国でも同じような製品がつくられていたわけだ。

経済がグローバル化している現在、液晶テレビの分野に限らず、日本の製品だけが世界より突出して進んでいて、世界市場を席巻できる、ということはだんだんありえなくなってきた。これは世界の事情を正しく認識していればわかることだ。シャープはその後、海外製品との厳しい競争を強いられ、業績が悪化、リストラを余儀なくされた。それで影響を受けた日本の中小企業も多かった。

もし海外の状況をもっと早く、正しく理解して「国内生産」のリスクを認識していれば、その影響は最小限にとどめられたかも知れない。

中小企業であっても、海外の状況を正しく認識することがいかに大事かがわかるであろう。

チャンスは全て生かす

分林の経営手法は、全ての点において組織づくり、組織の仕組みづくりにその特徴がある。

これまでの経営の中で分林が基本的な考えとしてきたのは「中小企業と接点のあるところとは全て、提携をしていこう」ということであった。

その中小企業との接点があるところとは、たとえば一つは税理士・公認会計士事務所であり、また地方銀行や信用金庫であり、さらにはベンチャーキャピタルや証券会社、コンサルタント会社のようなところである。

こういったところとのネットワークづくりが、日本M&Aセンターのベースになっており、これが同社の強みになっている。

１９９１年に日本Ｍ＆Ａセンターを起業して数年が経った頃、分林は初めて、『中小企業Ｍ＆Ａの時代が来た』という本を書いて世に出した。内容はＭ＆Ａに関して、これまでに得られた知識と実践を網羅したものだ。

あるとき、地方銀行協会で行員研修を担当しているセクションの人から、地方銀行の行員のためにＭ＆Ａの現状などに関して講演をしてくれないかと依頼された。この担当者が連絡をしてきたのは、分林が最初に書いた本を読んで興味を持ったから、ということだった。

60人ぐらいの地方銀行の行員を対象とした勉強会だったが、その勉強会は、参加した行員たちにＭ＆Ａとは何たるかを教育することが目的だった。

分林はこの研修が終わったときに、「これだ！」とすぐに閃いたことがある。

地方銀行は経営基盤を置く全国それぞれの各地で、地元の中小企業との太いパイプを築いている。後継者問題に悩む中小企業を顧客として開拓していこうとしていた日本Ｍ＆Ａセンターとは、顧客層が全く同じである。

講師は喜んで引き受けたが、しかし、この勉強会を１回限りで終わらせたら、お互いにプラスにならない。図らずも書いた本がたまたま地方銀行組織の担当者の目に留まり、研修の依頼が来たということは、まさに天が与えてくれたチャンスではないか。これを生かさない手はないと分林は受けとめた。

このチャンスを生かすためには、せっかくできた交流の場を永続できるような組織をつくることが大事だ。これをオリベッティ時代に銀行営業の経験がある三宅と相談し、今から約20年前に立ち上げたのが「全国金融M&A研究会」という組織だった。

こうして今や、日本M&Aセンターは、全国の多くの地方銀行、信用金庫との間に、M&Aに関するビジネスで関係を築くに至っている。

社内も「組織化」

日本M&Aセンターは、対外的に税理士・公認会計士事務所や金融機関と継続的な関係を築きあげる一方で、社内においては「M&A案件の情報ソース」ごとに営業担当者を置く、「チャネル制」を敷いている。

Ｍ＆Ａ案件の最終的なクライアントとなる中小企業へアプローチするには、まずＭ＆Ａ案件の情報源となる情報ソースそのものを開拓・深耕していかなくてはならない。これが日本Ｍ＆Ａセンターが発足当初からの基本的な営業戦略としてきたものだ。

この考えは分林のオリベッティ時代の経験にその源流がある。

当時、コンピューター分野はＩＢＭ全盛時代だった。ＩＢＭは日本にコンピューター・システムを持ち込んだとき、百貨店から相談を受けると、世界中の百貨店経営の現状を調べ上げ、将来のあるべき姿を見通し、それに必要なシステムを顧客に提案し、受注した。日本オリベッティが農協営業に成功したのも、「これからの農協経営はどうあるべきか」、また「そのシステムはいかにあるべきか」と、相手のニーズを深掘りした提案営業を行っていたからだった。

開拓・深耕する対象となるのは、中小企業と接することが多い税理士・公認会計士事務所や、地方銀行・信用金庫などの金融機関である。このほか、クライアントである中小企業が属している業界ごとの業界情報も重要な情報ソースである。これを「業種別チャネル」としている。

さらに近年、M&A案件が増加しているのが病院や介護施設で、これも「医療介護チャネル」という別の仕組みで対応している。こうして、それぞれの情報ソースごとに営業担当者を分けている。

チャネル制では、チャネルごとにそれぞれチャネルリーダーを置いている。各チャネルがその業界・分野でのオピニオン・リーダーとなり、業界を牽引していく指南役的な存在になるところまで同社は目指している。

営業担当をこのように情報ソースのチャネル別に分けるのは、そうした方がそれぞれの分野の性格に合ったきめの細かい営業が行えるし、その分野独特の習慣や言葉に習熟することで、相手の懐に入り込んだより深い営業を行えることが期待できるからだ。

また、各営業担当はお互い独自にチャネルの拡大・深耕に努めていくことになるので、社内の他のチャネル担当者ともいい意味でのライバル・競争関係が生まれ、お互いが切磋琢磨するようになるなど、プラスの相乗効果も期待できるだろう。

たとえば、「会計事務所チャネル」では、2013年に「新規会員獲得プロジェクト」を立ち上げると、1年間で160件の新規会員の獲得を達成した。こうしたプラスの成果は、社内にも好影響を与える。自発的な小集団が形成され、それが活性化することで、会社組織全体を成長へと導くモデルの構築がされつつある。

オーナー経営者が経営する新興企業は、往々にしてトップダウン型の経営を進めたがる。それでひとたび成功体験を得ると、トップダウン型に埋没してしまう経営者が少なくない。そういうことでは企業組織に継続性は生まれない。分林自身は典型的な創業者のオーナー経営者でありながら、創業以来、意識的に自らの経営をトップダウン型からこのような「組織的経営」へとカジを切り換えてきた。

また、会長と社長との関係はどうあるべきか。特に現社長の三宅とは30数年苦楽を共にしてきた間柄。最初、三宅は分林の課長時代の部下であったが、分林はいち早く三宅の才能を見抜いて、将来のパートナーと考えていた。ワンマン経営型に陥るのではなく、信頼できるパートナーと対話し、議論しながら、幅広い知恵を集めて一緒に伸びていく。そういう経営を分林は志向してきている。

当初は分林が創業し、本社社長と東日本の営業責任者を兼務、三宅が西日本の営業責任者であったが、業種別には、分林が「会計事務所」、三宅が経験を生かして「金融」を中心にそれぞれ担当するという体制。分林は徐々に全体の営業を三宅に任せるようになり、三宅も要所要所は分林に意見を聞いたりして相談し、決めていくという経営スタイルができあがった。

会社経営はトップ陣の連携が不可欠。会長と社長が不仲で、何か問題が起きた場合、その責任をなすり合い、業績不振になるケースはままある。人は感情の動物だから、ときにそういう局面に陥る企業例もある。

分林―三宅の場合、まず分林は三宅を優秀な営業マンとしてだけでなく、必ず課題を解決するという責任感、行動力を評価。仕事では厳しい一面も持つが、優しさをも兼ね備えており、信頼を寄せてきた。分林は社長在籍の間、三宅を取締役に選任し、以後、常務、専務、副社長、さらに社長へと抜擢。そして、分林が社長時代も意見が対立した場合、でき得る限り三宅の意見を尊重した。自分の考えを真剣に提言してくれる人の意見を否定すれば建設的な意見は出て来ないだろう。また三宅も分林の意見を尊重してくれる。お互いにポジティブだから、右ルートから行っても左ルートから行ってもゴールが一緒であれば結果はよくなる。

「仕組みづくりが非常に大事」と分林はことあるごとに協調する。その仕組みの中で、社員の可能性、潜在力をいかに掘り起こしていくかということになるが、その

「仕組み」を生かすかどうかは文字通り、経営トップの責任になる。
せっかくいい「仕組み」をつくっても、「仏作って魂入れず」になってはいけない。
分林と三宅は自分たちが良好な関係をつくることで、働き方、生き方を社内に身をもって示してきた。

「関係者」が共に発展し合う「関係」づくり

分林は１９９１年に日本Ｍ＆Ａセンターを設立する前に、全国の税理士・公認会計士約５００人を集めて「日本事業承継コンサルタント協会」をつくり、分林はその組織の常務理事に就任した。

日本Ｍ＆Ａセンターを創業するときは、全国の税理士・公認会計士など約１５０人から合計１億５０００万円の出資金を得て会社を設立。

一方で、全国各地の税理士・公認会計士には順次、地域ごとの地域Ｍ＆Ａセンターを設立してもらい、日本Ｍ＆Ａセンターとの株式の持ち合いを行った。

最終的に全国に約50の地域M&Aセンターが設立されることになり、日本M&Aセンターは全国各地のM&Aセンター・グループの中核的存在、という体制をつくり上げることができた。このネットワークは、現在では約600カ所に拡大している。

分林は会社設立のために出資してくれた人たちの厚意に応えようと、毎年10%ずつ配当を行い、10年間で最初の出資額を全て出資者にお返しができるように、高収益体質の経営を最初から目指した。その実現と継続に努めた結果、その目標は達成することができた。

なおかつ、その後、会社を上場させることができ、それによって同社の株式価値は、時価総額で、上場時には設立当初のときから比べると約120倍、2015年8月現在では約500倍に達した（時価総額は2015年9月時点で2000億円）。会社設立時から引き続き株式を保有していた人は、出資のお返しを受けて余りある利益が得られることになった。

こうした成果が得られるのも、取引先や出資者など関係者との間に共に発展し合う関係を築き、それを実践していく、という共存共栄の明確な発想が最初からあったからである。

そうした関係を、ふつう、「ＷＩＮ―ＷＩＮの関係」などと言っているが、そういう言葉が一般化する以前から、共存共栄の考え方を関係者に説いてきた。

Ｍ＆Ａを行う場合、売り手側企業と買い手側企業が必ずしも同じ地域にいるとは限らない。

たとえば九州地区の税理士や金融機関などから、後継者がいなくて会社を売りたがっている中小企業オーナーの情報を得たとき、その会社を是非買収して経営を引き継ぎたいと考える会社は九州地区だけにいるとは限らない。他の地区や地域に提携したいと思う企業を探すと結構見つかるものだ。

事実、地域を越えたＭ＆Ａが成立したことで、その企業の競争力が増し、業績が買収前に比べて格段によくなったというケースはいくらでもある。

このように、買い手企業を探すのに、最初から売り手側企業のエリアにだけ拘っていたのでは、選択肢は狭められてしまうし、後々の売り手側企業が成長する可能性さえ摘んでしまうことになりかねない。逆にエリアを越えたＭ＆Ａが実現できるなら、それによって今度は買い手企業にとっては、自社の営業網を一気に拡大することなどで事業拡大につなげることができる。このようにエリアを越えた企業のマッチングが、新しい成長や発展の鍵となることもある。

その地域に根ざした税理士や金融機関は、その地域の中小企業との太いパイプを持っている。しかしその地域だけに留まっていては、成長の可能性が高いM&Aのせっかくのチャンスを逃しているかもしれない。そこに全国組織を持つM&Aのプロ集団である日本M&Aセンターの存在意義がある。

日本M&Aセンターのような会社が介在することで、M&A案件が具現化し、M&Aが実現した後の成長確率はより高いものとなる。

当事者である買い手側企業も、売り手側企業も、そして情報を提供してくれた会計事務所や金融機関も、それぞれがメリットを享受できる。それをM&Aを通じて実現できるし、お互いが発展する関係につながる――そういう確信をもって分林はこのビジネスを行っている。

こうした関係づくりを実践し、実現し続けてこられたからこそ、同社は創業以来ずっと、一度も鈍ることなく発展・成長を続けているのだと分林は考えている。

１＋１が３にも４にもなる「組織」

「組織化」経営の際だった特色は、前述した国際会議の開催などにこそよく現れている。

日本M&A協会の会員を対象とした国際会議の狙いは、その時々のテーマを議論し、併せてその開催地の海外事情を知ることにあるのは前述した通りである。これが直接的な目的だが、併せてその期間中に会員である全国の税理士・公認会計士同士が情報交換を行い、親睦を図ることにも腐心している。

このような会員同士の親交は、いわば会議の副次的な目的としてスタートしたが、その会員同士の交流こそがM&Aの芽を育てる元になっている。

組織と組織のネットワークを生き生きしたものにするためには、まず組織の構成員同士の相互交流を図ることが大事である。このため、日本M&A協会では、国際会議のほかにも、全国各地に各支部を置き、その支部ごとにそれぞれ年に3回ぐらい「支部会」を開催し、会員同士の相互交流に努めている。

各支部ではまた、それぞれ税理士・公認会計士事務所と日本M&Aセンターによる共同のセミナーも開催している。ここで税理士・公認会計士事務所の所員に対して、M&Aの教育・研修などを行っている。

また税理士・公認会計士事務所のクライアントである中小企業に対しては、事務所と共同でM&Aの相談事を受け付けたり、コンサルティングも行っている。

こうした活動が、全国の税理士・公認会計士からなる組織を絶えず活性化させることにつながっている。

さらに全国の税理士・公認会計士に向けて、一般社団法人金融財政事情研究会と共同で「M&Aシニアエキスパート養成スクール」を開催、併せて同研究会認定の「M&Aシニアエキスパート」資格試験を共同で実施、合格者には「M&Aシニアエキスパート」という資格が賦与される。

こうした取り組みが、税理士・公認会計士の間に、M&Aの重要性を認識させることに役立っている。

かつては「乗っ取り」のイメージを持たれがちであった企業買収だが、今やこのようにエキスパート＝専門家が行う重要な仕事、というように社会全般の受けとめ方も変わってきている。その受けとめ方の変化には、ふだんからのこうした同社の取り組みが大いに貢献していると言えるのだ。

そして何より、相手の立場に立ち、そのことが自分にも好影響としてハネ返ってくる共存共栄の仕組みづくりに真摯に取り組む。こうした姿勢がＭ＆Ａに対する社会の受けとめ方を変えていった、ということである。

正に1＋1が単純に2になるのではなく、3にも4にもなる。「組織＝ネットワーク」づくりを徹底していくことでそのような成果を上げることができるところに、分林が強調して言っている「組織化」経営の面白さがあるとも言えるだろう。

「組織」を継続させるには

時に、人も企業も独善に陥りやすい。特に好調なときほど、そうなりやすい。経営が独善に陥ってはいけないし、単に自分たちだけにとってメリットがあるものであるならば、その組織は決して大きくはならないだろうし、長続きはしないということを改めて再確認しておく必要がある。

分林は日本オリベッティでの営業に打ち込んでいるとき、「ビジネスは相手にプラスになるように持っていかなくてはいけない」という考え方を身につけた。

実際、そうでなくては営業は絶対に成功しないし、その後の取引継続にもつながらない。

「自分と取引関係を持ってくれた相手には必ずプラスになるように持って行く」という信条を若いときから実践し、社内でもそれを説き続けてきた。それは仏教でいえば「自利利他」という考え方と重なる。それはまた、分林の経営の信条となり、今や、日本M&Aセンターの経営の基本理念にまでなっている。

自利利他――。「他者」、つまり社会のためになることを行い、実践していけば、それは「自分」を生かす道につながってくるということである。

組織作りの要諦とは何か。それは、まず最初に相手の立場に立って道筋を考え、行動していくということである。

外部の人を集めて組織をつくるときには、組織に入ってもらう人には組織に入らなくては得られない利益を得られるように、いつも相手の立場になって考えるということである。組織の意義は何なのか、また組織の参加者の立場に立てば、どんな要望が出てくるのかといったことに思いをめぐらしていく。

日本M&Aセンターが20余年前に発足する際、全国50社の税理士事務所・公認会計士事務所と、１００人の個人会員などに、それぞれ法人20株、個人10株分の出資をしてもらった。この50社と１００人は、いわば当初からの強力な株主であり支援者と言っていいものだった。

そのとき合計で１億５０００万円の出資金が集まったが、出資というのは、返ってくる保証のないリスクを伴うマネーを差し出すことだ。出資者はリスクを取って資金を提供してくれているのだ。ならばその出資者の覚悟に対してはそれ相応に応えなくてはならないし、そう考えて当初から行動してきた。最初の会社設立のときに出資してくれた人たちには何とか配当の形で十二分に報いようと考え、それを実行してきたのは先述の通りである。

実際には初年度は赤字決算となったために、株主配当は２期目からとなったが、それから10年後には決心した通りのことを実現し、株主という、会社にとっては最も味方に付けなくてはならない人たちに配当という形で報いてきた。こうしたことが最大にして最も強固な組織を維持することにもつながっている。

TKC創業者・飯塚毅氏から学ぶ

相手の利益になることが自分の利益につながる——。このことを分林は日本オリベッティ時代にコンピューター・システムの営業を行っていく中でつかんだ。以来、まず相手の利益を考える、ということがビジネスの基本になった。日本M&Aセンターを設立しようと考えたのは、このビジネスモデルが日本の中小企業の後継者問題を解決できる一助になる確信があったからだ。それは、「自利利他」の考えとも重なる。

中小企業を対象としたM&Aの仕事には、このように当初から社会に貢献するという側面が強かった。この考えは、同社で働く社員にも求められている。

分林は新規に採用する社員に対して「コンサルタントはお客様に幸せを運ぶ青い鳥だと思って欲しい」と言い聞かせる。新しく入ってきた社員に、自分たちの経営理念を共有してもらい、社会のために役立つ仕事をすることで、仕事の達成感と同時に自分たちの仕事への誇りを持ってもらいたいという分林の思いである。

分林の母方の実家は滋賀県にあり、典型的な近江商人の家だった。

近江商人は「売り手よし」「買い手よし」「世間よし」という「三方よし」の精神を大事にしてきた。「売り手」、「買い手」だけでなく、その取引を通じて「世間」がよくなるようにしていくという近江商人の心意気である。「世間」とは社会のことである。日本のビジネスの原点である、この近江商人の「三方よし」は「公の心」、つまりパブリック・マインドが大事ということである。

日本Ｍ＆Ａセンターが創業以来、社是、経営理念として掲げている「自利利他」も、また「三方よし」の精神も「社会のために」という考えが基本にある。

「自利利他」という思想は、もとは比叡山を開いた伝教大師最澄の言葉だとされている。

分林は日本オリベッティ時代、ＴＫＣ創業者の飯塚毅氏の講演を聞きに行ったことがあった。そのとき、飯塚氏が講演の中心に「自利利他」という言葉を使って話を進めているのが印象的だった。１９７２年、分林が29歳のときである。

分林は29歳のとき、日本オリベッティで会計事務所課の担当課長となった。中小企業の相談相手となり、中小企業が抱える問題解決を図ることを仕事にしている税理士。そうした税理士の人たちに対して、それまで中小企業を相手にコンピューター・システム販売を通じて企業の課題解決を図りたいと四苦八苦してきた分林は、非常に親近感を持つようになっていた。

そこで当時、税理士業界では話題の渦中にあったＴＫＣとその創業者である飯塚氏にすぐさま興味を引かれた。その講演の話はたちまち、心を捉えて離さないものになった。

ＴＫＣの社名は「栃木県計算センター」の頭文字から取っている。栃木県鹿沼市で会計事務所を開業していた法学博士で税理士・公認会計士の飯塚毅氏が、１９６６年に設立した会社だ。１９７２年にＴＫＣに社名変更した。

「自利利他」はＴＫＣの企業理念にもなっていた。曰く、「自利とは利他をいう」。先述のように、自利利他とは、自利があって利他があるのではなく、自利がすなわち利他という意味である。仕事で言えば、顧客の利益を図ることが第一で、それがすなわち自社の利益につながる、という発想である。決してその逆ではない。

飯塚毅氏は、小説家の高杉良が小説『不撓不屈』のモデルにしているぐらいの立志伝中の人物である。小説の中でも描かれた飯塚事件は、戦後、高度成長期の時代に起きた税務官吏による一会計事務所への弾圧事件として、この小説などを通じてよく知られるようになった。

この事件は、飯塚氏の会計事務所が、顧客企業のために不必要な納税には断固とした意見具申を行っていたために、次第に国税当局から睨まれる立場となったことで起きた事件だった。７年の裁判を経て１９７０年に全員無罪が確定している。

分林が飯塚氏から感化を受けたのは「自利利他」という仏教哲学からだけではなかった。飯塚氏はその実践として全国の税理士事務所の組織化を強力に推し進めようとしていた。顧客を組織化することが強力な基盤となるという仕組みづくりは、飯塚氏の考え方に啓発されるものでもあった。

飯塚氏がＴＫＣを設立した目的は、会計事務所や地方公共団体などに財務会計等の情報処理サービスを提供することにあった。１９７１年には全国展開を推し進めるため、ＴＫＣ全国会が結成され、全国の税理士・公認会計士の組織化が始まった。日本オリベッティは、このＴＫＣの全国組織化のための営業活動を請け負うことになった。

５年間で全国数千の公認会計士・税理士を「ＴＫＣ全国会」の会員に組織していった。

こうしてＴＫＣと飯塚氏の知遇を得て行動した結果、分林と全国の会計事務所との間に密接な関係が築かれることとなった。

企業の存続意義とは何か？

そもそも仏教哲学用語である「自利利他」を、現在のわかりやすい言葉に言い換えるとどうなるか？　横文字にするとよくわかるが、それは「ＧＩＶＥ、ＧＩＶＥ」ということになる。

英語ではよく「ギヴ・アンド・テイク」という表現を使うが、これはお互いがＧＩ

VEとTAKEで持ちつ持たれつの関係にある、というニュアンスが大きい。自利利他とはそれよりももっと奥深いものだ。むしろひたすらGIVEということである。TAKEは結果としてたまたまそうなる、という境地である。

売り手側と買い手側の立場で考えてみる。買い手側＝顧客は、買う商品や受けるサービスに、常に自分が出したお金の価値以上のものが認められなければ、その商品やサービスにお金を出そうとは思わない。だからメーカーや物販業、あらゆるサービス業は、よりよい商品をつくったり仕入れたりすること、よりよいサービスの提供に徹すること、顧客に満足を与えることが第一義となる。お金を支払っていただけるのは、その努力の結果としてそうなるというだけだ。

顧客が満足してくれなければ、その顧客からのリピートは来ない。商品やサービスを提供する仕事は、顧客からのリピートがあって初めてその仕事の信用を得た、ということになる。極めて単純な原理だが、意外とこんな単純なことをわかっている企業や経営者は多くない。

従って企業は、顧客から「リピート」がないような商売はするべきではない、と分林は社員に言っている。

日本M&Aセンターが東証マザーズに株式上場の10日後、分林は経営学者のP・F・ドラッカー塾に入り、勉強するようになった。

ドラッカーは最初に「われわれの使命、事業とは何か?」という言葉を使っている。社員一人一人が使命感を持って仕事をしているかどうか。使命感がある場合とない場合とでは、仕事の質が全く違ってくる。使命があれば、その仕事には価値とエネルギーが与えられ、具体的に何をなすべきかを教えてくれる。この使命を実現するためには信念が必要である。そのためにも、使命は自分の強みや好きなこと、関心事と一致していなくてはならない。経営とは、こうした使命によってなされるべきものである——。ドラッカーを学んで、分林はこう考えるようになった。

仕事で成果が上がるときは、それは顧客の成果でなくてはならない。このように徹底的に顧客志向であること、「顧客が全て」という考え方を、社員教育を通じて会社全体に浸透させようと分林は努めている。

「自利利他」とドラッカーの「使命」。このように、洋の東西や今昔の違いがあるのに、その言わんとしているところの真理は同じである。

経営者の多くは、日々の経営や営業の判断を求められるときに迷うことがある。そのときには、「最後は、社会に対して正しいことをしているかどうかで判断するべきである」とドラッカーは言っている。

社会に対して正しいこととは何か。それは顧客に対して正しいことかどうか、ということだけではいけない。たとえそれが顧客の利益になる、ましてや自分の利益になるからといって、そのサービスや商品が出回ることに付随して社会に害悪がもたらされるようなものであったら、それはその商品やサービスは社会に提供するべきではない。もしそういう企業があれば、その企業は市場から、ひいては社会全体から糾弾されてしかるべきである。

この商品を世の中に広めたい、この事業を伸ばしていきたい、というとき、果たしてそれが社会的に正しいことなのかどうかということを、経営者が、また社員の一人一人がよく考えること。それを規範としていることが企業にとって大事なことだと分林は考えている。

「人員」を「人材」へ育てていく

日本オリベッティ時代に社員教育を受けたときに、産業能率大学の教授から聞いたある言葉が長く分林の心に留まっている。それは「人員を人材へ」という言葉である。

会社組織を支えるのは「人材」である。古くから、「経営は人なり」といわれ、経営を発展させ、あるいは衰退させるのも「人」である。いい人材をいかに育てていくかで企業の勝負は決まる。

経営の三要素に、資本、設備、生産性があるが、資本や設備はそれなりに揃えられても、生産性は「人」の働きいかんによって決まってくる。「人員」に鍛錬の場を与え、いかにして、「人材」をつくりあげていくことが大事かを、分林はその当時から深く考えるようになった。

日本M&Aセンターの顧客となるのは、後継者問題に悩んでいる中小企業の社長であり、そういう人には自分がつくって長年育ててきた会社を手放すかどうかの決断を迫られ寂しい思いを抱いている人が多い。一方、買い手側の企業は、見も知らぬ会社を買うことで思わぬリスクを背負うことにならないかと絶えず心配している人がほとんどだ。

このように、心中穏やかではない売り手、買い手に接するコンサルタントには、相手の気持ちをよく理解できる資質が求められる。非常に重要な資質だ。同社ではこれを「ウォームハート」と言っている。

このように、顧客から出される疑問に対して、同社のコンサルタントは、その企業の現況や将来展望を分析して的確に答えることが要求される。さまざまな問題に真摯に取り組みながら、解決の道を示すことがコンサルタントの大きな使命となる。そのためには、非常に高度で専門的な知識を身につけていることも必要不可欠。こうした資質を同社では「クールヘッド」と言っている。

すなわち、同社のコンサルタントには、この「ウォームハートとクールヘッド」の両方の資質が要求される。

同社のコンサルタントには少なくとも、３期分の決算書を見てすぐにその会社の現況を理解でき、なおかつ、課題や悩みに対する解決方法を相手の立場に立って説明できる心がある人が欲しい、と分林は考えている。

冷静に、そして沈着に課題に取り組み、そして暖かい心で顧客に接していく。そうした「人材」が組織を成長、発展させていくということである。

「組織経営」の最大原動力が人材

日本M&Aセンターの人材教育・研修は入社後すぐから始まる。

毎月、あるいは年度ごとに、社員の社内歴の様々な段階に応じて、様々な研修が行われている。

たとえば、会社の決算書を読むことはコンサルタントにとっては必須なので、簿記2級は最低限必要な資格として、持っていない人にはほぼ強制的に取得させている。

2013年からは、新卒・中途採用を問わず新入社員には必ず、3年以上の勤務経験がある中堅社員と一緒に仕事をさせるOJT（オンザ・ジョブ・トレーニング）の一つである「ペア制度」を始めている。

これで企業へのアプローチの仕方、契約書の作り方、実際のプレゼンテーションの仕方、顧客からの疑問に対してどう答えるか、といった実際の現場で行わなくてはならないことを、新入社員が先輩社員の仕事ぶりから直に覚えてもらうことを狙っている。

先輩社員は先輩社員で、人から見られるということを通じて、自分の仕事を客観的に見られることで、その仕事にさらに磨きをかけてもらう。このように、関係者が複数になる場合、どちらか片方にだけではなくどちらにとってメリットがある、という道筋をつけられるようにしていく。M&Aという仕事にたずさわる者にとってそうした資質は必要不可欠のものであり、そのような人材を育成する制度設計にしているということである。

M&Aを実現させるには、やはりそれなりの経験が必要だ。入社したての社員では1年で1件成約できればいい方だろう。だから経験者の仕事の仕方を間近で見て、そのやり方を学んでいくことはたいへん有効だろう。

これは新入社員には皆、新卒だけでなく中途採用の人も対象にしている。たとえ他社でM&A仲介の仕事に携わった経験があるという人でも、こと中小企業のM&Aの仕事は初めての場合がほとんどだからだ。同社は日本で唯一無二のユニークなビジネスを展開してきたし、そうした中途入社の人も立派な戦力に仕立てていく組織にしてきたということでもある。

また、近年のグローバル化に対応して、語学教育にも力を入れ始めた。希望者には朝7時半から、外国人講師を呼んで英会話講習を行っている。

さらに税理士や中小企業診断士などの国家認定資格を取るために予備校に通いたい人や、社会人として大学院へ通いたい人には、その教育費の補助も行っている。

これらの取り組みは全て、社員に対して、その個々の社員の向上心を促すことにこそ大きな狙いがある。人よりも上を目指そう、という向上心こそが、同社の経営の重要なポイントになっているからだ。そのことは次項でさらに詳しく触れる。

人員から人材へ――。そしてその人材こそが、分林が言うところの「組織経営」の最大の原動力となる。

そのためには、社員の自発的で前向きな姿勢を引き出すこと。これこそが会社の力を最大限に発揮させるための最良の方策なのである。

１５０％を目指す。そのための制度と仕組み

分林は、社員は常に前向きで挑戦的であってもらいたいと考えている。そのために社員は「個人」、「家庭」、「会社生活」のいずれの場面においても、その目標を１００％ではなくて１５０％に設定して欲しいと考えている。それを目指してもらうことが同社の社員の基本だ。

個人の生活でも、家庭でも、ほかの会社の人よりもずっと充実した生活を送る。人の２倍、３倍も充実した生活を送る。そのためには会社生活で成功しなくてはならない。

会社生活での成功があるからこそ、個人や家庭生活での精神的、また物質的な満足が可能になる。その逆ではない――というのが分林の持論だ。

今年はこの車を買おう、ここへ海外旅行をしよう、あるいは家をつくろうとか、子供にはこういう教育を受けさせる、あるいは留学させる、ということを含めた全ての

個人や家庭での目標は、会社生活での成功があって初めて実現できるのだ。

同社の社員にはそれが実現できるだけの環境が揃っていると分林は自負している。前述の研修・教育制度の充実に加えて、社員の努力には相応の報酬で応えているからだ。

ある経済雑誌が2013年6月期から2014年5月期の有価証券報告書から作成した「40歳推計年収ランキング」によると、日本M&Aセンターの推計年収は1662万円で、同ランキングで堂々の2位という位置づけ。

これは野村ホールディングス（1452万円＝3位）、朝日放送（1386万円＝5位）、フジ・メディア・ホールディングス（1360万円＝6位）、伊藤忠商事（1345万円＝7位）、テレビ朝日ホールディングス（1314万円＝8位）、東京海上ホールディングス（1306万円＝9位）という並み居る大手の、いわばエスタブリッシュメント企業を抑えてのランキングだ。

同社には銀行や証券会社などから中途採用で入社した社員が多いが、基本的に同社は前職の給与を初年度から保証し、なおかつ目標を超えた成績を出した社員には、天井知らずで報酬を与えている。

平均で５０００万円ぐらいが前職給与に上乗せされている。２０００万円台、３０００万円台の年収の社員もいる。これが同社の「インセンティブ制度」というものだ。

インセンティブ制度を含め、給与や社員待遇での大事なポイントは、要は社員それぞれが「無限の可能性に挑戦していこう」という意欲を持ってもらうこと、その力を最大限に発揮してもらうことにある。

同社の仕事は経営者を相手にしている。だから担当している社員の一人一人が経営者的な視点を持たなくてはならないのだ。

自分が会社の看板を背負って顧客を開拓し、その顧客を説得して、仕事が成功することで顧客に喜んでもらう。その結果として高額の報酬を得ることができる。だから、自分が会社を経営している、という感覚がなくては、ただ会社に使われている、という気持ちであっては、この仕事はできないと分林は断言する。

だから同社の給与制度はほぼ、社員自らによって年間報酬額が決まってくる。それは社員一人一人が経営者の視点を持ってもらう、だから自分の年収も自分で責任を持って決めてもらう——という考えに基づいている。

同社の社員給与がこのクラスの規模の会社としては抜きんでて高いことは前述した

通りだが、その理由はこうした給与制度があるからだ。

「今年は1500万円欲しい」「自分は2000万円に挑戦する」という人は、それだけ努力すればそれに報いられる。そのために社員は一人一人が自ら考え、企画を立案し、自ら行動してもらう。そういう社風を分林はつくり上げてきた。

日本M&Aセンターの社員はまた、皆、毎年1月にその年の個人の目標、家庭の目標、会社生活の目標——という3つの「ライフプラン」をつくっている。

こうやって会社・家庭・個人というそれぞれの段階で目標を持つことは、究極的には人生の目標をしっかり持つことにつながり、そうやって目標に向かって挑戦していく姿勢、雰囲気を社内に醸成している。

同社の社員は自ら進んで夜遅くまで働いたり、休日でも出勤している人もいる。それは強制されてそうしているのではなく、仕事にのめり込んでいるからそうなっているというだけのことだ。

仕事というのは、24時間、休んでいるときでもそのことばかり考えているようでなければ、いいアイデアなど出てこない。これは自らの経験から分林はそう考えている。

9時から5時で仕事は終わり、その時間以外は学ぶ姿勢もないという考えの人は、そういう職場はほかにいくらでもあるから、そこで働いてもらったほうがその人のためにもいい。

社員の自発的な熱意こそ企業の最大の原動力であることを分林はよく理解している。だがその自発的な熱意を社員からいかに引き出すかが実は難しい。会社の制度、仕組みによって、どうやってそういう方向に持っていくか。その工夫を分林はしてきた。ここに分林が言うところの「組織と仕組み」のもう一つの神髄がある。

なぜそうするのか。経営は人が全てであり、ところが人が絡むからこそ問題が起きるからだ。人が問題を起こすのは、ミスや判断の過ちだけではなく、そこに感情的・恣意的要素が入り込むからだ。経営者といえども、それは避けられない。だからそういうものは極力排して、より客観的に、システマチックに会社を機能させるようにすることが賢い経営だ。

大企業になれば、それは逆に巨大になりすぎた組織の弊害が必ず出てくる。いわゆる大企業病もそこから生まれる。だが、中小や新興企業にその心配は無用だ。むしろ組織やシステムがないことで不利益を被るケースの方が圧倒的に多い。

日本M&Aセンターの最大の強みは、社員200人の新興企業でありながら、すでに大企業並みの組織やシステム、社員待遇などを実現しているところにあるとも言える。

目標は眼に見える形で

日本M&Aセンターの「目標」は常に明確である。

先述の通り、分林は創業2年目から株主に対して配当を行っており、そして上場してからは、株式配当に加えて、株価そのものでも株主に報いるべく、株価を上げる努力を続けている。

仕事のよきパートナーであり、また株主でもある会計事務所とは、単なる金銭的なつながりだけではないと考えている。分林はこの業界をこよなく愛しており、これからの「会計事務所経営」を一緒に考え、様々な情報提供をしてきた。これからも、まさにこうした部分で「自利利他」を実践していきたいと考えている。

日本M&Aセンターの社員には、ただの社員としてではなく、M&Aを経営の問題として捉え、経営者と同じ目線に立つ生き方が求められている。安定した年俸に加えて、プラス目標を超えたコンサルタントにはさらに報いる「インセンティブ制度」を設けている。この報酬の上限は事実上、上限は無限だと分林は話す。

また、それを支えるバックオフィスの社員にも決算賞与や様々なインセンティブ制度を設けている。

分林は創業時からそれらの制度をつくってきた。２００８年のリーマン・ショックの後には、会社としての決算は3月決算だが、営業決算は9カ月の12月を目標とし、達成者には毎年1月に海外を視察するツアーに参加できる栄誉を与えている。

1～3月は次の期の準備にあて、上場会社として第1四半期から安定した実績を生む「仕組み」づくりを実践している。

また、家族の労に報いるため、半期決算での目標達成者には「二人でハワイ」（ハワイ旅行ペアチケット）や、年間達成者の家族には「家族全員でディズニーランドへの招待」等、様々な目に見える楽しい「目標制度」を設けている。

現社長の三宅は社長就任後、「中期経営計画」の目標に合わせて、全社員を対象にストックオプション制度を実施。計画2年目には早々とその目標を達成した。全社員が喜びを分かち合う結果となり、この制度も大成功を収めた。

2015年には第二期「中計」とストックオプション制度で、経常利益100億円を目標に、全社が一丸となっている。

このように、株主、関係者、そして社員の全員経営を同社は目指している。

もちろん先述のように、M&Aにおける「譲渡企業」の株主とその社員の幸せ、そして「譲受企業」の「存続と発展」を、常に一番に考えることが、これらの大前提にあるのは言うまでもない。

「営業」は「科学」で開眼

分林は大学生時代に、ベッド販売の会社でアルバイトをしたことは前に触れた。最初にある百貨店でベッド販売を行ったときに、ことのほかそのベッドが売れた。

ベッド販売会社の人から分林は非常に気に入られてしまい、最初は短期間のアルバイトのつもりだったが、夏休み期間中ずっとやって欲しい、さらに次の冬休みも来て欲しい、と要望されたほどだった。

分林が販売するベッドがよく売れた理由は、扱っている商品の機能やその特徴などについては現物やパンフレットなどをつぶさに調べてすぐに把握し、専門的な言葉なども早く覚えてしまったことが大きかったと前述した。しかしそれに加えてもう一つは、分林にはお客さんの気持ちがよくわかった、ということだった。

売り場に現物のベッドを見に来るお客さんが、その商品を見てどう思っているのか。

心から欲しいと感じているのにただ予算に合わないと思っているのか、とにかく自分に合ったものを買いたいと思って見に来ているのか、ほかの店と比べるために見にきたのか、ただ時間つぶしに見ているだけなのか――そういったお客さんの気持ちが、手に取るようにわかったと言う。

相手の気持ちがわかるから、顧客が今「この商品が気になっているのだが…」というタイミングを外さずに、すんなりと応対のトークが出てくる。

その才能は、生まれつきなのか。

この経験をしたことから、学生時代のアルバイトのときから分林は営業をすることが好きになり、また営業をすることに自信を持てるようになった。

ところが分林が外資系の日本オリベッティに就職してから当初、研修に参加するごとに、「営業は科学だ」ということを教えられた。

最初はその意味が分林にはよくわからなかった。だが、実際の現場で営業を実践していくうちに、その言葉の持つ重みがわかるようになってきた。

「相手の気持ちがわかるから、自分には売れる自信がある」――というだけでは、それは極めて主観的・定性的なものでしかない。

企業経営にはもっと確実で定量的なものが求められる。当たり前のことだが、そうでなくてはその事業の継続性はおぼつかない。

特に日本の場合、どちらかというと営業の世界は「先輩から見習え」といった徒弟制度的な部分が長い間、続いてきた。

また、「努力すればできる」といった精神論的なことがまかり通ってきた世界でもあった。

これではあまりに定性的で非科学的であり、日本国内においてでさえその弊害は以前から指摘されてきたことだった。

だから日本オリベッティでの営業手法は分林にも非常に新鮮に映った。

顧客に対して心理学的なアプローチを行ったり、プレゼンテーション能力を高めるためには何が必要か、といった訓練を何度も受けた。商品知識を深めることはもちろん大前提だった。

これらはしかし、図らずも、アルバイト時代の営業で自ら実践して体験していたこともあった。それはたとえば、顧客の心が読める、といった心理的なアプローチや、商品知識を深めるといったことだった。このことは分林を逆に勇気づけた。

しかしオリベッティの「科学的」な営業はより深いものだった。

顧客へのプレゼンテーションを的確に行い、心理学的なアプローチで顧客が最も要望しているところにたどりつき、顧客の真の問題を探り当ててその解決を図る。それで顧客に満足を与えることが最終的な営業の目標となる——こういった科学的な営業の手法は、今でいうところのコンサルティング営業に当たるものと言っていいだろう。

こうした営業手法を、こうしたオリベッティのようなグローバルに活動する大手の外資系企業では、40年以上も前から当然のことのように行っていた、ということである。

ある意味で、日本の企業社会にとっても、それはやはり画期的なものだったといえよう。

営業は幸せを運ぶ青い鳥

分林は日本オリベッティのコンピューター・システム販売の営業で顧客先として中小企業を担当していたとき、朝から晩まで四六時中、中小企業のことばかりを考えていた。

そうしてあるとき、自分が練ったアイデアを設計に落とし込んで、中小企業が使いやすい中小企業向けのコンピューター・システムを作った。

それぞれの企業に合うように設計されたシステムだったから、このシステムを導入した中小企業の経営者は皆、毎日の自分の会社の状況をつかむことができるようになり、経営改善に関して社員に対する的確な指示もできるようになった。

分林が担当した顧客先である中小企業の経営が次々と改善されてゆき、自分が売ったものが相手の経営の役に立っているという実感が日を増すごとに確かになっていった。このときの喜びは分林にとって非常に大きいものがあった。

営業とはこのように、顧客にとっては幸せを呼ぶ「青い鳥」でなくてはならないのだ、という考えが次第に分林の頭の中で膨らんでいった。

分林が日本M＆Aセンターを設立した動機の半分は、このオリベッティ時代の喜びを継続したいためでもあった。

後継者問題に悩む中小企業の顧客に対して、解決の手段を提供する。

自分がつくり上げた会社の事業を承継することができるM＆Aが成功すれば、その会社の価値が何倍にも拡大することだってある。そう考えると、M＆Aの仲介を行う営業もまさに、幸せを呼ぶ青い鳥だ。

同社の社員はそういう気持ちで仕事をしなくてはいけないし、また、顧客には本当に満足してもらえるように努力しなくてはいけない。

そして、顧客が本当にその仕事に満足してくれれば、必ず何らかのリピートがある。

仮にその会社からはリピートがなくても、別の会社を紹介してくれることだってある。

だから、やはりリピートのないような商売は絶対にしてはいけないのだ。

分林が会社の若い社員によく言っていることがある。

一度でも肉体的・精神的な限界まで仕事に挑戦してみる、ということだ。

分林は自分でも若い頃にそういう経験を何度もしている。別項でも触れたように、それで道が開けたこともあるからだ。

そういう経験を一度でも積んでいると後々、強さとなって生きてくる。それを経験したことがある人とない人では、とても大きな差ができると分林は考えている。

量をたくさんこなしていったときに、質が生まれることがある。最初から質を求めていくと意外と失敗するものだ。

日本オリベッティでコンピューター・システムの営業をしていたときから、顧客である企業の経営がどうしたらよくなるか、といつも分林は心がけてきた。

日本M&Aセンターを作ってからはもちろん、そのことを意識して仕事をしてきた。

企業経営の四大目標とは？

企業経営には絶対必要な４カ条があると分林は考えている。①収益性②安定性③成長性④社会性だ。この４つが揃った企業がよい経営を行っている企業である。揃っていない企業はいずれ存続できなくなる可能性が高いだろう。

第一は「収益性」。

これがなくては、企業はそもそも存続できない。

収益がなくては、顧客に対して満足を与えることができないし、社員や関係者に対しても報いることができない。

第二は「安定性」。

一期は収益がよかったのに、翌期はもう収益が悪化、というのではやはり、経営が成り立たない。

毎期ごとの損益計算書がよいことはもちろん必要だが、バランスシート（貸借対照表）もよくなくてはいけない。

金融危機や震災など、企業はいつ何時、外的要因のトラブルに巻き込まれるかはわからない。借入金が多い企業はリスクが高いので、できる限り少なくすべきだ。リスクを常に念頭に置いて、安定性を目指すことが大事だ。

第三は「成長性」。企業をつくった以上は、ただ細々とでも存続できればいい、というのではいけない。やはり将来に向かって成長していくことが描けなければ、その企業は存在する意味がない、と分林は考えている。

企業の成長がなければ、新しい人を採用していくことができないし、新入社員は10年経っても平社員のままになってしまうからだ。

成長があって初めて、商品やサービスを提供することで満足を与えられるお客様の数も増やしていける。

企業に成長性がなくては、このように社会に対しても還元していくことができない。

第四に「社会性」。社会に対して、ただ自社の商品やサービスを広めていけばいい、というのではいけない。その商品やサービスが、お客様に対して、ひいては社会全体に対して、プラスを与えているかどうかを絶えずチェックすることが必要だと分林は考えている。

経営やコンサルティング、営業その他の仕事をしているときには、いろいろな面から迷う場面が出てくる。そういうときは、何を規範とすればよいか。

「社会に対して正しいことをしているか？」

分林はドラッカーが言ったこの言葉を、会社経営者だけでなく、社員一人一人も規範とすべきだと考えている。

これこそが企業が存続する基本であり、一番大事なことだと考えている。

事業は単に、自社とお客様だけがプラスになればいいということでは決してない。常に社会に対して正しいかどうかが問われているのだ。

第5章　第2創業へ

1部上場後、会長に就任

日本M&Aセンターは2006年10月に東証マザーズに上場、翌年の12月10日東証1部へ上場した。翌年の6月に、分林は社長職を三宅卓に譲り、本人は代表取締役会長に就任した。

分林はかねてより、65歳には経営の第一線の社長職を三宅に譲るつもりでいた。企業は常に「成長」を遂げなければならない。またパートナーとして協力してくれた三宅が自分の判断で企画し、実行し、この会社を第2創業者として更に成長させてくれると確信していた。

三宅はその期待に応え、いま輝かしい会社へと成長させている。

日本M&Aセンターは2015年3月期には、売上高122億円、経常利益63億円で、売上・利益とも倍増。

また同年8月には「JPX日経400」銘柄になった。JPX日経400とは東京証券取引所で上場する約3400社の中から「自己資本利益率（ROE）」、「営業利益」「時価総額」の3つの指標に重きを置いて投資家に魅力の高い銘柄400社を選んでいるもの。

文字通り同社は、日本を代表する上場企業として今、更なる飛躍を目指している。

日本ビジネス協会の再建と発展

分林は今、同社の代表取締役会長職だけでなく、様々な分野で活動している。

その一つが、日本ビジネス協会（通称JBC）の理事長職だ。この6年間、250社の企業経営者が集う会のリーダーとしての役割を果たしてきた。

同協会は2000年に150社の経営者が集い、お互いに切磋琢磨し成長していく組織として誕生した。初代理事長としてエイチ・アイ・エス創業者で現ハウステンボスの社長を兼務する澤田秀雄氏が就任、同協会から数十社の上場会社が誕生した。日本M&Aセンターもその1社だ。

その後、弁護士で原発訴訟団団長として有名なだけでなく、「中国孤児」や「フィリピン孤児」数千人の世話をしている河合弘之氏が2代目理事長に就任。同氏が理事長に就任するや、トイレにまで「コンプライアンス」重視の張り紙を貼ったり、成績が優秀だが家庭環境が母子家庭等で高校進学が難しい子に対する奨学資金で毎月100人余の高校生を支援している。日本M&Aセンターも30人の高校生を奨学資金で支援している。

分林が理事長に就任したのはリーマン・ショック後の2009年の11月。同協会の会員もリーマン・ショックの影響を受け、多くが退会。同年の協会の赤字額は4000万円。3カ月後の翌年1月の資金繰りのメドがついていない状態のときだった。

分林は直ぐに25人の理事会を開き、理事に一人100万円を3年間2%の金利で拠出して欲しいと要請。

また、コストカット可能な経費を合計年間で1000万円以上削減。

その一方で会員増強運動を起こして増収に努め、今では年間数千万円の余剰金と億単位の現預金を持つ超優良な組織へと再建した。

6年間理事長として再建と発展を行ってきたが、経営者が切磋琢磨する場で1人がトップを長くやることはよくない。組織には新しいリーダーで新しい発想でやっていくべきだと分林は考えている。

分林は近々、新しい理事長に引き継ぐ予定だ。

文化的貢献へ

最近、日本企業の多くがＣＳＲ（企業の社会的責任）重視を言い出しているが、文化的貢献を行っている企業はまだ少ない。

企業の利益、個別の利益追求はもちろん必要だが、企業が利益を上げられるのは社会のお陰でもある。その利益の一部を社会的な貢献に使うという発想が当然出てくる。またエクセレントカンパニーと言われる企業は利益の追求だけでなく、文化的貢献も行うもの。経営者自身も「品格」が問われている、と分林は考えている。

海外へ出たとき、「日本の文化」を語れる経営者はまだ少ない。

海外では、「『社会的貢献』や『文化的貢献』をしない経営者は尊敬されない」

2015年６月に国立能楽堂で『道成寺』を舞う分林氏（中央）

――。

分林が50年前に入社したオリベッティ、その創業者であるカミロ・オリベッティが今から１５０年前に唱えたこの言葉を、分林は胸に刻んでいる。

同協会で日本文化の代表たる「能楽」部を組織、自身も40年ぶりに能の稽古を再開した。現在では、河合・前理事長他20人が毎月、能の稽古を行っている。２０１５年6月には東京・千駄ヶ谷の国立能楽堂でＪＢＣ能楽部会が「能楽４番」を演じ、分林も大曲『道成寺』を演じた。当日、友人・知人など１２００人もの人が鑑賞するほどの盛況ぶりだった。

また、友人である佐竹康峰氏（前東京スター銀行会長）の依頼で「日本オペラ振興協会」の理事や、また母校の立命館大学の理事等に就任するなど、社外においてもその人脈と持ち前の行動力で活躍している。

72歳になった分林は2年前の「古希祝賀会」で最後に挨拶した。
「人生やり残したことはない、精一杯生きた」。それをモットーにまだ分林は走っている。

最近の分林の様子はどうか？　と近況を尋ねると、「いや、今年も日常の業務だけでなく、大忙しでした」という返事が返ってきた。

２０１５年1月は、業績優秀な社員60数人を引き連れて英国・ロンドンへの視察旅行を実施。2月はブラジル・リオデジャネイロを訪問。名物の「リオのカーニバル」を見るのと、7月に同国最大都市サンパウロの「日伯修好条約１２０周年記念能」の公演を行うため、サンパウロで総領事らの現地の関係者と打ち合わせをしてきた。

3月はシンガポールを訪問。これは、毎年、会計事務所の関係者を集めて行っている国際会議のためのもので、今回は約３６０人が参加。そしてこのところ成長著しいミャンマーの現状を視察してきた。

ブラジル・サンパウロでの公演

6月に入ると経営者仲間による能楽の公演に参加。今年は東京・千駄ヶ谷の国立能楽堂で大曲『道成寺』を公演。そして7月にはサンパウロでの「能楽公演」を実施。期間中、会場は連日の超満員で日系人以外の人達も多く、公演終了後はスタンディングオベーションを浴びて大成功だった。

9月になると、ロンドン、エジンバラ（英国）、パリでＩＲ（投資家向け広報）のため機関投資会社16社を訪問。このうち半数がすでに日本Ｍ＆Ａセンターの株主になっており、熱心な質問を受け充実した対話となった。株主でない機関投資会社の反応もよく、分林にとっても充実感のあるＩＲの日々だった。ちなみに、日本Ｍ＆Ａセンターの全発行株式のうち40％は海外の機関投資会社、30％が国内の機関投資会社がそれぞれ持っている。そして分林と社長の三宅で合計約20％、それ以外に約６０００人が個人株主という構成。

ロンドンでは投資家たちが日本の状況を正確に把握し、日本の企業をよく分析・研究していることに分林は驚かされた。外国人の株主たちは日本が超高齢社会に入っていることを知っている。たとえば彼らは、介護ビジネスは国家の社会保障政策の管理の中で展開されているため「あまり興味はない」という反応を示す。その一方で、それよりも日本の産業界では「後継者問題」が大きな問題として浮かび上がっており、その解決が各企業にとっても大切なので「日本Ｍ＆Ａセンターの仕事にたいへん興味がある」という反応があったことに、分林も思いを新たにしたものである。

そのあと、イタリア・ミラノに飛び、経済評論家・大前研一氏の主宰する「イタリア視察」に合流。紳士服生地の一流ブランド「エルメネジルド ゼニア社」やダウンコートの一流ブランド「モンクレール社」を訪問した。両社とも海外輸出が90％以上で、共通しているのは「最高の材料」、「最高の品質」、「世界一のブランド」を保っていること。そしてまた常に改革していく気持ちが漲っており、そうした気持ちや思いが世界的企業にしていっているのだなと分林も実感した。

このように内外の経営者やリーダーと会い、言葉を交わすことで自らを啓発している分林である。

今、日本では「ものづくり」が大切にされているが、その基本は何か――。50年前、分林が日本オリベッティに入社したとき「物は美しくなければならない」という企業哲学に接した。以来、この言葉は分林の心に深く刻み込まれてきている。

これからのグローバル経済、世界市場で大事なことは「デザイン」であることが最近、日本でもようやく理解されるようになってきている。

実は、「技術」と「芸術」の語源は同一で、ギリシャ語の「テクネ（techne）」＝技術はラテン語の「アルス（ars）」＝芸術と同義語だと言われる。

今をときめくアップル社の創業者・故スティーブ・ジョブズ氏もデザイン感覚の優れた経営者で「技術」と「芸術」の両面を理解する経営者だった。こうした認識が日本社会にも浸透し、今や日本企業も美術大学卒業生の採用を増加させていると聞く。日本再生、日本復活の上で、「デザイン」はたいへん重要な要素だと分林は考えている。

「来年は」と聞くと、２０１６年6月には、分林は国立能楽堂での能楽『清経』を演じることを楽しみにしている様子だった。

「清経」は平清盛の孫で、壇の浦の戦いで敗れた平家は九州に逃げたが、そこにも源氏が押し寄せ、目的もなく大分の沖合、柳ヶ浦に小舟で波に漂う。白鷺を見れば源氏かと思い、敵方の雑兵の手にかかるよりはと、21歳の若さで入水し、海の藻屑と消える。


世阿弥の名曲で、その情景と詞章は分林の最も好きな曲だ。その一節、

「この世とても旅ぞかし」

人生は旅。それは、その一瞬を真剣に生きる、ということ。仕事においても、そして世界中を旅することにおいても。また社会への貢献、文化を語ることにおいても。分林という経営者は、その一瞬を真剣に生きる、ということの一つの典型的な生き方をしているように筆者は思う。

【分林氏の好きな言葉10選】

「自利利他」

自利とは利他をいう。常にお客様（他の人）にプラスをもたらす。


「仕事は使命感です る」

経営者だけで無く、社員1人1人が使命感を持つ会社でなければならない。


「正しい事をする」

人間迷ったとき、社会に対して正しいことをしているかどうかで判断する。


「人員を人材に」

社員教育と共に、会社の仕組み全体で人を活かす

「何もしなければ何も生まれない」

企画をし、その企画が社会に受け入れられるかを検証し、素早く実行する。

「経営は収益性、安定性、成長性、社会性の４つを目標とする」

これらの一つが欠けているだけで会社は長く続かない

「営業は幸せを運ぶ青い鳥」

営業はお客様にプラスを与える仕事。「自信」を持って行動する。

「リピートが掛からない商売はしない」

必ずお客様や関係者に満足感を与える仕事をする

「離見の見」

自分の考え方や、自分の行動、言葉が他の人からどの様に受け止められているかを、常に検証する。

「思い残すことの無い人生を送る」

宇宙から見た人生は一瞬。人生を精一杯生きる。

あとがき

２０１３年８月28日、日本Ｍ＆Ａセンターの創業者、分林保弘は70歳、古希を迎えた。

同年９月１日、東京・帝国ホテルで分林の「古希祝賀会」と「感謝の夕べ」が催された。

古希祝賀会オープニングで夫人の鼓に合わせて謡いを披露する分林氏

京都祇園の芸妓さんによる手打ち

分林は１９４３年（昭和18年）８月28日京都で生まれた。８は幸運の数字だから、「年」、「月」、「日」、全てに８がついているのは、「とても縁起がいい」と分林自身は思っている。

本書に書かれている通り、分林は観世流の能楽師の家に生まれ、小さいときから能楽に親しんできた。分林の人生は能楽と共にあると言っていい。

「古希祝賀会」の幕開けは、謡曲『高砂』を分林が謡い、夫人の小鼓で開幕した。

来賓挨拶に立ったのは25年来の友人である千本倖生氏。千本氏は旧日本電信電話公社（現ＮＴＴ）出身。いわゆる電電自由化（通信自由化１９８５年）の前、第二電電（現ＫＤＤＩ）の設立に功績があり、慶應義塾大学で教授も務め、イー・アクセス創業者でもある。

千本氏は自宅近くのゴルフ練習場で分林と出会った。千本氏は会った瞬間、分林に不思議な魅力を感じとった。千本氏はさっそく、分林の会社を訪問。以来、千本氏は分林とは何かと共鳴し響き合う関係を続けてきた。古希祝賀会で千本氏は分林の人となりに触れ「この人には経営のセンスがある」と語った。

千本倖生氏（イー・アクセス創業者）

鏡開きの様子

かつて分林の部下だった某企業のトップは「分林さんはとても商売センスのある人。とにかく部下を使うのがうまい人だった」と述懐。組織を動かし部下のやる気を引き出すのが経営の要諦である。経営は「人」の能力をどう引き出し、どう使命感を持って仕事をしてもらうかがカギである。「人」という側面にスポットを当てて、本書を編集してきたのもそうした問題意識からである。

いま日本創生が時代のテーマ。戦後70年が経ち、戦後の焼け野原から日本は再出発し、高度成長を遂げた。そして1968年、世界第2位の経済大国になった日本も石油危機、プラザ合意（円切り上げ）、リーマン・ショックなどを体験、09年中国にGDP（国内総生産）で抜かれ世界第3位の座になった。人口減、高齢化という流れの中で日本創生をどう築き上げていくか。そういう中で日本の産業界にはベンチャー・スピリットが必要だと言われて久しい。時代の転換期である今だからこそ起業家の活躍が望まれる。そしてまた現実に起業家は増えつつある。若くして起業して成功する人も現に増えている。しかし分林のように47歳で会社を興し、成功する人の存在もまた必要。その生きざま、人と人との関係づくりの要諦を、読者の皆様に感じとっていただければ幸いである。

会社経営の忙しい中で、拙著の取材に多大の時間を割いて頂いた分林保弘氏には改めて、感謝の言葉を申し上げたい。

なお本書の取材と執筆作業には弊社スタッフの畑山崇浩が少なからぬ労をとっていることを付け加える。

２０１５年10月吉日

『財界』主幹・村田博文

【著者略歴】
むらた・ひろふみ　1947年（昭和22年）2月生まれ。宮崎県出身。70年早稲田第一文学部卒業後、産経新聞社入社。77年財界研究所入社。『財界』編集長を経て、92年社長に就任。

【主な著作】
『どん底からはい上がれ！～この男たちはいかにして修羅場をくぐり抜けたか』、『富士ソフト創業者・野澤宏の「変化の時を生き抜く」』、『エア・ウォーター名誉会長豊田昌洋の「人をつくり、事業をつくる！」』、『小長啓一の「フロンティアに挑戦」』、『「ご縁」が紡ぐ世界ブランド　ミキハウス』（財界研究所）など。

日本M＆Aセンター創業者 分林保弘の
「仕組み経営」で勝つ！

2015年11月19日　第1版第1刷発行
2023年11月29日　第1版第4刷発行

著者　村田博文
発行者　村田博文
発行所　株式会社財界研究所
［住所］〒107-0052　東京都港区赤坂3-2-12
赤坂ノアビル7階
［電話］03-5561-6616
［ファックス］03-5561-6619
［URL］https://www.zaikai.jp/

印刷・製本　TOPPAN株式会社

ISBN 978-4-87932-111-4
定価はカバーに印刷してあります。